# 笔意纵横

## 历代文人与文章

《中国大百科全书》青少年拓展阅读版编委会　编

中国大百科全书出版社

图书在版编目（CIP）数据

笔意纵横·历代文人与文章／《中国大百科全书》青少年拓展阅读版
编委会编 . —北京：中国大百科全书出版社，2019.9
　（中国大百科全书：青少年拓展阅读版）
　ISBN 978-7-5202-0594-8

　Ⅰ. ①笔…　Ⅱ. ①中…　Ⅲ. ①骈文—文学史—中国—古代—青少
年读物②散文—文学史—中国—古代—青少年读物　Ⅳ. ① I207.209-
49 ② I207.62-49

中国版本图书馆 CIP 数据核字（2019）第 208753 号

| | | |
|---|---|---|
| 出 版 人 | 刘国辉 | |
| 策划编辑 | 李默耘　程　园 | |
| 责任编辑 | 程　园 | |
| 封面设计 | WONDERLAND Book design 仙境 QQ:344581934 | |
| 责任印制 | 李　鹏 | |
| 出版发行 | 中国大百科全书出版社 | |
| 地　　址 | 北京阜成门北大街 17 号 | |
| 邮　　编 | 100037 | |
| 网　　址 | http://www.ecph.com.cn | |
| 电　　话 | 010-88390739 | |
| 印　　刷 | 蠡县天德印务有限公司 | |
| 开　　本 | 710 毫米 ×1000 毫米　1/16 | |
| 字　　数 | 99 千字 | |
| 印　　张 | 8.25 | |
| 版　　次 | 2019 年 9 月第 1 版 | |
| 印　　次 | 2020 年 1 月第 1 次印刷 | |
| 定　　价 | 34.00 元 | |

# 序

百科全书（encyclopedia）是概要介绍人类一切门类知识或某一门类知识的工具书。现代百科全书的编纂是西方启蒙运动的先声，但百科全书的现代定义实际上源自人类文明的早期发展方式：注重知识的分类归纳和扩展积累。对知识的分类归纳关乎人类如何认识所处身的世界，所谓"辨其品类""命之以名"，正是人类对日月星辰、草木鸟兽等万事万象基于自我理解的创造性认识，人类从而建立起对应于物质世界的意识世界。而对知识的扩展积累，则体现出在社会的不断发展中人类主体对信息广博性的不竭追求，以及现代科学观念对知识更为深入的秩序性建构。这种广博系统的知识体系，是一个国家和一个时代科学文化高度发展的标志。

中国古代类书众多，但现代意义上的百科全书事业开创于1978年，中国大百科全书出版社的成立即肇基于此。百科社在党中央、国务院的高度重视和支持下，于1993年出版了《中国大百科全书》（第一版）（74卷），这是中国第一套按学科分卷的大百科全书，结束了中国没有自己的百科全书的历史；2009年又推出了《中国大百科全书》（第二版）（32卷），这是中国第一部采用汉语拼音为序、与国际惯例接轨的现代综合性百科全书。两版百科全书用时三十年，先后共有三万多名各学科各领域最具代表性的专家学者参与其中。目前，中国大百科全书出版社继续致力于《中国大百科全书》（第三版）这一数字化时代新型百科全书的编纂工作，努力构建基于信息化技术和互联网，进行知识生产、分发和传播的国家大型公共知识服务平台。

从图书纸质媒介到公共知识平台，这一介质与观念的变化折射出知识在当代的流动性、开放性、分享性，而努力为普通人提供整全清晰的知识脉络和日常应用的资料检索之需，正愈加成为传统百科全书走出图书馆、服务不同层级阅读人群的现实要求与自我期待。

《〈中国大百科全书〉青少年拓展阅读版》正是在这样的期待中应运而生的。本套丛书依据《中国大百科全书》（第一版）及《中国大百科全书》（第二版）内容编选，在强调知识内容权威准确的同时力图实现服务的分众化，为青少年拓展阅读提供一套真正的校园版百科全书。丛书首先参照学校教育中的学科划分确定知识领域，然后在各类知识领域中梳理不同知识脉络作为分册依据，使各册的条目更紧密地结合学校课程与考纲的设置，并侧重编选对于青少年来说更为基础性和实用性的条目。同时，在条目中插入便于理解的图片资料，增加阅读的丰富性与趣味性；封面装帧也尽量避免传统百科全书"高大上"的严肃面孔，设计更为青少年所喜爱的阅读风格，为百科知识向未来新人的分享与传递创造更多的条件。

　　百科全书是蔚为壮观、意义深远的国家知识工程，其不仅要体现当代中国学术积累的厚度与知识创新的前沿，更要做好为未来中国培育人才、启迪智慧、普及科学、传承文化、弘扬精神的工作。《〈中国大百科全书〉青少年拓展阅读版》愿做从百科全书大海中取水育苗的"知识搬运工"，为中国少年睿智卓识的迸发尽心竭力。

本书编委会

2019 年 9 月

# 目 录

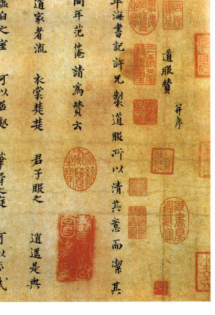

# 贾 谊

西汉政治家、文学家。洛阳（今属河南省）人。18岁时，就以博学能文而闻名于郡中，得到郡守吴公的赏识，收为弟子。文帝即位后，因吴公的推荐，任为博士，掌文献典籍。其时，贾谊不过20多岁，在博士中最为年轻，但以见识和议论，赢得博士中年长者的尊敬，受到文帝的重视，不到一年，被擢升为太中大夫。朝廷上许多法令、规章的制定，都由他主持进行。贾谊的才华和文帝对他的信任，引起了一部分朝臣的不满。他们以"洛阳之人，年少初学，专欲擅权，纷乱诸事"（《史记·屈原贾生列传》）的流言，动摇了文帝对贾谊的信任，结果文帝让贾谊离开长安，去做长沙王的太傅。后人称贾谊为贾长沙、贾太傅。在长沙任

职的三年中，贾谊的心情一直抑郁不欢。文帝七年（公元前175），贾谊被召回长安，任梁怀王的太傅。此时文帝虽仍赞赏贾谊的博学。而对于他多次上疏陈述的政治主张并不采纳。后来梁怀王骑马时摔死，贾谊认为自己没有尽到太傅的责任，经常悲泣自责，不久死去。

贾谊的思想以儒家为主，也杂有法家、黄老的成分。刘向指出"贾谊言三代与秦治乱之意，其论甚美，通达国体。虽古之伊（尹）管（仲）未能远过也"（《汉书·贾谊传赞》引）。

贾谊的作品，《汉书·艺文志》著录有文58篇，赋7篇，其文即现存的《新书》，亦名《贾子》，曾经西汉末年刘向校定，虽然在流传过程中有所错乱和散失，但基本可信。首篇《过秦论》，是贾谊政论文中的名篇。另一篇著名政论文《陈政事疏》，又称《治安策》，载于《汉书·贾谊传》。据班固称，是他从《新书》58篇中选择"切于世事者"（《汉书·贾谊传赞》），

经过合并删削而成，题目是后人安上的。贾谊的辞赋大多已亡佚。除《吊屈原赋》《鵩鸟赋》外，刘向所编《楚辞》中收入《惜誓》一篇，作者题贾谊，但东汉王逸为《楚辞》作注时，则表示对作者"疑不能明"。

贾谊的散文有战国纵横家的风格，善于运用不同历史事实的对比来分析利害，在铺张渲染的描写中，造成文章的充沛气势，富于说服力和感染力。如《过秦论》，开始为了说明秦国统一中国过程中的强大，极力描写六国诸侯合纵抗秦的盛况，而在后面写秦朝的败亡时，又极力写陈涉的平凡以见亡秦的轻易，从而引出秦朝短期覆亡的教训，极其有力。作者抱有改革政治的热情，又受到压抑，因而笔端常带感情，议论说理毫无顾忌，行文畅达而不浮浅，语言犀利激切，富于文采。如《陈政事疏》的开头："臣窃惟事势，可为痛哭者一，可为流涕者二，可为长太息者六，若其它背理而伤道者，难遍以疏

举。进言者皆曰天下已安已治矣，臣独以为未也。曰安且治者，非愚则谀，皆非事实知治乱之体者也。夫抱火厝之积薪之下而寝其上，火未及燃，因谓之安，方今之势，何以异此！"忧时济世的感情溢于言表，富于鼓动性。贾谊的散文对唐宋古文的写作有一定影响。鲁迅认为贾谊、晁错的奏疏"皆为西汉鸿文，沾溉后人，其泽甚远"（《汉文学史纲要》）。

贾谊的辞赋，也饱含着作者济世的热情，抒发愤懑不平，具有感人的力量。当时汉代的新体赋——汉赋还没有形成，贾谊主要是采用骚体来写作，但在标题上已出现"赋"的字样。他的《鵩鸟赋》采用主客问答的方式，抒写自己怀才不遇的愤懑情绪，同时也流露出齐生死、等祸福的消极思想。语言上虽多用四言句，句法比较整齐，但已趋向散文化，显示出从骚体赋过渡到汉赋的端倪。《吊屈原赋》是他赴长沙途中经湘水时所作，在抒发对屈原不幸遭遇的同情中，寄

笔意纵横·历代文人与文章

托了自己的身世之感，被刘勰称为"辞清而理哀"（《文心雕龙·哀吊》）。由于贾谊在此赋中引屈原为同调，而《史记》的作者司马迁又对屈、贾都寄予同情，为两人写了一篇合传，后世即往往以贾谊与屈原并列，称为"屈贾"。

有《贾长沙集》，收入明代张溥编纂的《汉魏六朝百三家集》。近人刘师培有《新书斠补》2卷，《佚文辑补》1卷。

# 董仲舒

西汉思想家、文学家。广川（今河北景县）人。景帝时为博士，治《公羊春秋》，发奋读书，三年不窥园。武帝时，被举为贤良文学，其对策深得武帝赞赏。曾任江都王和胶西王相。后托病辞官，"以修学著书为事"，卒于家中。

董仲舒适应建立统一的中央集权的封建制度的需要，提出了"独尊儒术，罢黜百家"的主张，被武帝采纳，开此后两千余年以儒学为正宗的局面。其学以儒家思想为中心，杂取阴阳五行说，进一步把殷周以来的天命思想系统化、理论化，提出"天不变，道亦不变"，并根据天人感应说来论证天道与人事的关系，为封建统治的合法性和永恒性制造理论依据。

董仲舒的著作主要有《春秋繁露》82篇，是研究其思想的主要材料。语言质朴平易，与汉初政论文严峻、铺排的风格颇有区别。又有《举贤良对策》3篇，提出"诸不在六艺之科、孔子之术者，皆绝其道，勿使并进"，是中国思想史上的重要文献。文章纲目清晰，首尾一贯，后世散文家、理学家如真德秀、朱熹都极称道。另外，有赋、颂数篇。其中《士不遇赋》，抒发怀才不遇的感慨，是汉代同类题材中较早的作品之一。《山川颂》以山水比拟人的品德，虽不是模山范水之作，但也代表了当时的一种审美观点。

《春秋繁露》有清抱经堂刻本、《四部丛刊》影印聚珍本。明人张溥辑有《董胶西集》，收入《汉魏六朝百三家集》中。

# 司马迁

西汉史学家、文学家。字子长。左冯翊夏阳（今陕西韩城）人。父司马谈，汉武帝建元、元封之间任太史令，是一位具有多方面修养的学者。他在《论六家要旨》中，对春秋战国以来的"百家之学"，概括出重要的阴阳、儒、墨、名、法、道六家，分别以评论：对阴阳等五家，既有所肯定，也指出其不足，而完全肯定了道家。这说明司马谈接受的是西汉初年占主导地位的黄老思想的影响，与汉武帝时罢黜百家、独尊儒术的政策不完全合拍。司马谈十分重视自己史官家世的传统和史官的职责，曾慨叹说："自获麟以来，四百有余岁，而诸侯相兼，史记放绝。今汉兴，海内一统。明主贤君忠臣死义之士，余为太史而弗论载，废天下之史文。"（《史记·太史公自序》）所有这些对司马迁后来所从事的事业都有十分明显的影响。司马迁的童年是在家乡黄河边上的龙门山下度过的。10岁时，随父亲司马谈到长安，开始了对古代文献的研读，并直接受学于当时著名儒学大师董仲舒、孔安国。20岁，南游江淮，据《史记·太史公自序》，他这次"上会稽，探禹穴，窥九疑，浮于沅、湘，北涉汶、泗，讲业齐、鲁之都，观孔子之遗风，乡射邹峄，厄困鄱、薛、彭城，过梁、楚以归"。以后他在任郎中、太史令以及中书令时，或奉旨出使，或陪驾巡幸，游历了更多的地方。这些经历，使他有机会亲身领略祖国壮阔的自然风貌，调查了解许多历史故实，订正和补充文献上的疏漏，也使他有可能接触广大人民的实际生活，增加了他对社会现实的了解。

司马迁漫游江淮回长安后，任郎中，元鼎六年（公元前111），他奉武帝之命出使巴蜀以南，代表朝廷视察和安抚西南少数民族地区。元封三年（公元前108），任太史令。日常职司以外，他在"石室金匮"（国家藏书处）阅读、整理历史资料，以便实现父亲著述历史的遗愿。经过四五年的准备，太初元年（公元前104）司马迁在完成了主持改革历法的工作后，正式着手写作《史记》。

天汉二年（公元前99），为李陵事上奏武帝，获罪，受腐刑。司马迁受此大辱，愤不欲生。但是为了完成已经着手的著述，他决心"隐忍苟活"。

出狱后，司马迁任中书令，这是比太史令品秩更高的官职。但由于这一职务当时通常由宦官充任，使司马迁时时想起自己受腐刑的耻辱，因而对朝廷的一切事务毫无兴味，专心于自己的著述。太始四年（公元前93），司马迁的朋友任安写信给他，鼓励他能有所作为，要把推荐选拔人才作为自己的责任。为此，司马迁写了有名的《报任安书》，信中沉痛地叙述了自己因李陵事件而得祸的经过以及忍辱含垢的心情，并告诉任安："近自托于无能之辞，网罗天下放失旧闻，考之行事，稽其成败兴坏之理，凡百三十篇，亦欲以究天人之际，通古今之变，成一家之言。"这说明他的《史记》此时已基本完成。以后，司马迁的事迹无可考，据王国维等人推断，大约卒于汉武帝末年。

司马迁继承了先秦唯物主义的思想传统，加上他个人的特殊的家世和遭遇，使他在社会历史问题的认识上较之前人有重大突破，具有积极的进步的意义。在《史记》中，他论证历史事件的因果关系和历史人物成败原因时，尽可能要找出社会根源，而避免用"天道"来说明人事。他在《史记》中主要写了帝王将相的世系和事迹，但也写了不少没有社会地位、受人轻视的下层人物的种种值得赞扬的事迹，肯定了这些人物对社会的贡献和历史作用。他甚至把仅仅称王几个月的陈涉及其领导的农民起义与汤、武革命并列，给予极高的历史地位。这样的历史见识，在古代历史学家中可以说是绝无仅有的。但由于时代和阶级的局限，司马迁不可能找到历史发展的真正动力。他的历史观的核心仍是唯心主义的"三王之道若循环，终而复始"（《史记·高祖本纪》），这说明他对历史发展的论述最终还是陷入了历史循环论的泥淖中而不能自拔。他个人的不幸遭遇，固然使他对封建专制的统治有了清醒的认识，给他那支有力的史笔增添了强烈的爱憎感情色彩，但也使他的思想带有某些消极悲观的成分，表现出宿命论的色彩，这也不可避免地影响了他对一些历史事件和历史人物的认识、评价。

司马迁在中国历史学的发展中，继承了先秦史学的优良传统，并有所发展。他开创了以人物传记为中心的纪传体史学，也因此开创了历史传记文学，这使《史记》既生动地表述了历史进程，又刻画了几十乃至上百的性格鲜明的人物形象，对中国史学和文学的发展产生了极其深远的影响。

司马迁的著作除《史记》外，《汉书·艺文志》尚著录有赋8篇。今存《悲士不遇赋》一篇。这篇赋是他受腐刑后所作，不仅抒发了作者身遭大难后仍不甘于"没世无闻"的愤激情绪，而且对现实社会中存在的不合理现象表示强烈的不满，是汉武帝时期众多赋作中有个性、有社会意义的一篇。《报任安书》不仅是研究司马迁生平、思想的重要资料，而且由于作者真诚坦率的自我剖白，对自己不幸遭遇的充满感情的叙述，使之具有强烈的感染力，成为古代散文中不朽的名篇。

# 刘 向

中国西汉经学家、文学家、目录学家。本名更生，字子政。沛（今江苏沛县）人。汉高祖刘邦之弟楚元王刘交的四世孙。少年时，善文章。12岁，任辇郎。20岁后，擢任谏大夫、散骑大夫。汉成帝即位之初，改名向，升光禄大夫。河平三年（前26），成帝命陈农搜集全国各地遗书，诏刘向领校宫中藏书。刘向校书于秘阁，长达19年，逝世前任中垒校尉。

刘向主持的校书工作是一项艰巨的任务，因为当时搜集到的图书都是经众人积年口传或传抄的，内容上、文字上差异很大。刘向等人明确了分工：刘向校经传、诸子、诗赋；步兵校尉任宏校兵书；太史令尹咸校数术；侍医李柱国校方技。统一了工作方法：首先把每种书的不同抄本收集在一起，由一人持底本，一人读复本，逐字逐句核对，专挑其中的差异，就像雠（仇）家对证一样，非常认真，后人把校勘图书也称为校雠，即源于此。每一种书经过校勘、整理、缮写出定本后，由刘向撰写一篇叙录，介绍书的名目、校勘经过和主要内容，一同奏上。这些叙录以后辑集在一起，名为《别录》，共20卷。《别录》全书已失传，现仅存《战国策》《管子》等8篇。后来，他的儿子刘歆以《别录》为基础撰成《七略》，这是中国最早的目录学著作，原书已不存，清代洪颐煊、马国翰、姚振宗有辑本。班固因《七略》而成《汉书·艺文志》，可从中见《七略》之梗概。

刘向早年适应宣帝喜好辞赋的需要，与宣帝周围的文学侍从一起从事辞赋写作。《汉书·艺文志》载其辞赋33篇。现除少数残篇断句外，皆不存。唯有《九叹》存于《楚辞》中。这是他后期典校经书时，为"追念屈原忠信之节"而作,其中寄托了他的身世感慨。刘向校书时,辑《楚辞》16篇,其中即有《九叹》。后由东汉王逸作注,名《楚辞章句》,是现存最早的《楚辞》传本。

刘向的文章保存下来的多是一些奏疏和校雠古书的"叙录"等。其著名的有《谏营昌陵疏》和《战国策叙录》。刘向的散文叙事简约,娓娓动听,论理畅达,从容不迫,在舒缓平易中表现了作者深沉恳切的感情,对唐宋古文家有一定影响。

刘向还撰有《新序》《说苑》和《列女传》。前两种是分类纂辑先秦至汉代史事,以进行封建伦理道德的说教。但如《新序》的"叶公好龙",《说苑》的"雍门子周说孟尝君"等,都是很有意义的故事,广为传诵。后者则专门记录有通才卓识、奇节异行的女子的事迹,如"孟母教子三迁""丑女无盐说齐宣王"等,常被后人称引。这部书文笔朴素,叙事简约,是魏晋小说的先导。

另外明代张溥辑《汉魏六朝百三家集》中有《汉刘中垒集》1卷。

# 王 充

东汉思想家、文学批评家。字仲任。会稽上虞(今属浙江)人。出身"细族孤门",自小聪慧好学。8岁时"谢师而专门,援笔而众奇"。后来离乡到京师洛阳就读于太学,从师著名学者班彪。家贫,常游洛阳市肆读书。勤学强记,过目成诵,博览百家之书。同郡谢夷吾曾赞扬他的才学"虽前世孟轲、孙卿,近汉扬雄、刘向、司马迁,不能过也"(《后汉书》注引谢承《后汉书》)。他为人不贪富贵,不慕高官。曾做过郡功曹、州从事等几任小官,因政治主张与上司不合而受贬黜。后罢官还家,专意著述。晚年，汉章帝下诏公车征召，王充不就。和帝永元中，病逝于家中。

王充的著作今存《论衡》85篇（其中《招致》一篇亡佚）。另有《政务》《讥俗》《备乏》《禁酒》《养性》等，均已失传。

王充在《论衡》中深刻地批判了以"天人感应"为核心的谶纬迷信思想，继承和发展了古代唯物主义学说，认为世界是由物质性的"气"所组成；人"死而精气灭"，灵魂不能离开肉体而存在；天不是有意志的神，它不能主宰社会人事，否定了"灾异""祥瑞"等荒诞不经之说，给予唯心主义神学以有力的打击。王充从这个唯物主义思想基础出发，论述了关于文章写作问题，提出了一系列进步的观点，对后世文学批评发展有重大的影响。

针对当时文章写作方面所存在的内容虚妄荒诞、追求词藻华靡和复古模拟等问题，王充强调"真"是"美"的基础，不真实的作品只有"虚美"而没有"真美"，认为"美"和"善"是密切联系的，"美善不空"，不善的作品也就不美。在这种美学观的指导下，他的文学批评中表现了如下一些重要思想：

①主张文章的内容必须真实，反对描写虚妄的迷信内容。

王充指出，当时"才能之士，好谈论者增益实事，为美盛之语；用笔墨者造生空文，为虚妄之传。听者以为真然，说而不舍；览者以为实事，传而不绝"。他之所以写《论衡》，正是有感于"众书并失实，虚妄之言胜真美也"。《论衡》的基本内容就是要"疾虚妄"。王充特别称赞桓谭的《新论》，即是因为它"论世间事，辩照然否，虚妄之言，伪饰之辞，莫不证定"（《超奇》）。他主张文章内容必须绝对真实，这一点对后来强调文学必须写实的批评家们有十分重要的影响。

②王充认为文章必须有补于世用，能够起到积极的社会教育作用。他说："为世用者，百篇无害；不为用者，一章无补。"（《自

纪》）而所谓"世用"的具体内容即是要能够劝善惩恶。他说："文岂徒调墨弄笔为美丽之观哉！载人之行，传人之名也。善人愿载，思勉为善；邪人恶载，力自禁裁。然则文人之笔，劝善惩恶也。"（《佚文》）王充说古代贤圣之人之所以作文，都不是无目的妄作，而是"作有益于化，化有补于正"（《对作》），强调文学创作必须要对社会的政治、道德、风尚起积极的推进作用。而这种劝善惩恶、有补世用的作用，又和是否具有真实的内容密切相关。

③强调文章的内容和形式必须统一，做到外内表里完全一致，既有翔实的内容，又有与之相适应的形式，坚决反对徒有美丽之观而无切实内容的"华伪"之作。他说："有根株于下，有荣叶于上；有实核于内，有皮壳于外。文墨辞说，士之荣叶、皮壳也。实诚在胸臆，文墨著竹帛。外内表里，自相副称。意奋而笔纵，故文见而实露也。"（《超奇》）文辞只是实情的一种表现形式。他重视内容的主导作用，坚持形式为内容服务，从这个角度出发，王充对汉赋的形式主义倾向作了尖锐的批判。在《谴告》中王充指出了司马相如、扬雄的赋颂"欲讽反劝"的事实，认为他们的作品文辞宏丽、意趣深博，"然而不能处定是非，辩然否之实"，无补于世用，"虽文如锦绣，深如河汉"（《定贤》），也不能算是好作品。

④注重独创精神，反对模拟因袭。汉代由于儒家思想处在"定于一尊"的统治地位，文人都尊奉孔子，"述而不作"，章句之学盛行，模拟因袭的风气十分严重。王充一反这种时俗风气，重"作"不重"述"。在《佚文》篇中，他说文人之文共有5种，而其中以"发胸中之思，论世俗之事，非徒讽古经、续故文"的"造论著说之文，尤宜劳焉"。在《超奇》篇中，他把文人分为5类，最有才能的是"鸿儒"，其特点是"能精思著文，连结篇章"，坚决反对那种"因成纪

前，无胸中之造"的因袭之作。他指出孔子作《春秋》之所以高越，正是因为他不拘泥于鲁国史学著作，而能做到"眇思自出于胸中"。王充认为模拟因袭风气的盛行，其根本原因是由于好古而贱今。他在《齐世》《案书》等篇中指出，历史是不断向前发展的，社会是愈来愈进步的，因此，"尊古卑今""贱所见，贵所闻"（《齐世》）是毫无道理的。衡量文学作品优劣，应以"真伪""善恶"为标准，而不应以古今为依据。复古模拟的结果只能是倒退，而不是前进。王充的这种文学进化观对六朝的葛洪、刘勰等都有明显的影响。

⑤提倡文章语言的口语化，反对古奥艰涩的文风。王充认为书面语言和口语应当是一致的。他说古人文章中的语言之所以难懂，是因为"古今言殊，四方谈异也"（《自纪》），因此他自己写《论衡》就要求做到"形露易观"。"口则务在明言，笔则务在露文。"他认为："文由语也"，"文字与言同趋，何

为犹当隐闭指意？"（《自纪》）为此，他对汉赋的语言作了严厉的批评："深覆典雅，指意难睹，唯赋颂耳。"（《自纪》）

王充的文学思想中也有明显的弱点，他所讲的是广义的文章，包括了所有学术著作和文学作品在内，然而他又没有把学术著作和文学作品的不同特征加以区别。他用对学术著作的要求来要求文学作品，所以也产生了一些流弊。他强调真实，只是事实的真实，因此把艺术创作所必需的虚构和夸张描写也都否定了。例如他在《书虚》篇中所批判的那些虚妄不实的具体事例，有不少都是一种夸张说法，而并非荒诞不经的迷信内容。他虽然正确地肯定了经书上的夸张描写，并对它们做了很好的分析，但是对除经书以外的一切著作中的夸张描写都加以否定了。至于虚构，在他看来自然更不能允许了。此外，王充在批判形式主义倾向、强调文学作品的社会作用时，也表现出忽视艺术性的缺点。他说："夫养实者不育

华，调行者不饰辞。丰草多华英，茂林多枯枝。为文欲显白其为，安能令文而无谴毁？"（《自纪》）这种看法也是有片面性的。

《论衡》通行本有《汉魏丛书》本、《四部丛刊》影印明通津草堂本，近人刘盼遂有《论衡集解》。

# 杜 预

中国西晋文学家。字元凯。京兆杜陵（今陕西西安）人。娶司马昭之妹，拜尚书郎，袭祖爵丰乐亭侯。晋武帝即位后，历任河南尹、秦州刺史、度支尚书。任度支尚书期间，每每兴利除弊，多有建树，朝野称美，号曰"杜武库"，言其博学多谋。杜预有卓越的军事才能，深为羊祜赏识，举以自代。羊祜死后，杜预为镇南大将军，都督荆州军事。太康元年（280）率兵伐吴获胜，晋爵为当阳县侯。太康五年（284）征为司隶校尉，未到职，病逝。杜预曾撰《善文》50卷，是中国古代较早的一个散文选本。从《隋书·经籍志》著录情况看，似是一个应用文字的选本，已佚。他在学术上颇有造诣，自称有《左传》癖"。曾作《春秋左氏经传集解》30卷、《春秋释例》15卷、《春秋长历》及《盟会图》，自成一家之学。其中《集解》对后世的《左传》研究颇有影响，至今仍有重要的学术价值。杜预还曾经和贾充一起定律令，又曾作《二元乾度历》，《晋书·食货志》载其《陈农要疏》等多篇，表现了他多方面的才能。《隋书·经籍志》录有《晋征南将军杜预集》18卷，已佚。梁代钟嵘《诗品》将其列为下品，说他与王济"诗贵道家之言"，但其诗今无所存。

葛亮集》等。其著作对后世戏曲小说的影响很大。

# 陈寿

中国西晋史学家。字承祚。蜀国巴西安汉（今四川南充北）人。少时好学。仕蜀时，为散骑黄门侍郎。因不愿曲意阿附当朝权宦黄皓而屡遭谴黜。入晋后，司空张华爱其才，荐为孝廉，任佐著作郎、出补阳平令，后历任著作郎、治书侍御史。陈寿一生仕途不顺，多次遭到排挤非议。他以才学成名，善于叙事，有良史之才。晋灭吴后，他广泛收集三国时期的官私著作，著成《三国志》，分成三书，即魏书30卷、蜀书15卷、吴书20卷，条分缕析，平行叙述，在断代史中别创一格。后人推重他的史学和文笔，把《三国志》与《史记》《汉书》《后汉书》并列，称为四史。他还著有《古国志》（50篇）、《益部耆旧传》（10篇），编有《蜀相诸

# 陆机

中国西晋文学家。字士衡。吴郡吴县华亭（今上海松江）人。祖陆逊为吴丞相，父陆抗为吴大司马。年二十吴灭，与其弟陆云退居旧里，闭门勤读。太康十年（289），陆机与陆云来到洛阳，为张华所爱重。当时贾谧当权，开阁延宾，一时文士辐辏其门，号"二十四友"，陆氏兄弟亦入其列。历任国子祭酒、太子洗马、著作郎等职。赵王司马伦专擅朝政，以陆机为相国参军。次年为中书郎。后入成都王幕，参大将军军事，又表为平原内史。太安二年（303），成都王司马颖举兵伐长沙王，以陆机为前将军前锋都督。兵败，为怨家所潜，被杀，夷

三族。

陆机是西晋太康、元康间最负声誉的文学家，被后人誉为"太康之英"。就其创作实践而言，他的诗歌"才高词赡，举体华美"（钟嵘《诗品》），注重艺术形式技巧，代表了太康文学的主要倾向；就其文学理论而言，他的《文赋》是中国文学理论发展史上第一篇系统的创作论，对后世的文学创作和理论发展产生了重要影响。

陆机流传下来的诗，近半数是乐府诗和拟古诗。这类作品中有不少是敷衍旧题、摹拟前人之作，与古诗词旨无殊，达到了"思无越畔，语无溢幅"的程度；其失在于缺乏个人情感的抒写，所以被后人讥为"束身奉古，亦步亦趋"（陈祚明《采菽堂古诗选》）。不过，其中也不乏寄兴颇深的作品。如《君子行》反映了诗人对政治环境的复杂和人生祸福无常的体会。《长安有狭邪行》及《长歌行》都反映了诗人强烈的政治追求和仕途蹭蹬、大志不遂的苦闷心情。除乐府之外，陆机还有为数不多的纪行诗和亲朋赠答诗，情感真挚，较少雕饰，艺术成就较高。如《赴洛道中作》二首抒发去国离乡的悲苦心情，极为凄楚动人，是陆机五言诗的代表作。又如他的四言诗《赠弟士龙》写邦家颠覆、亲故丧亡，极其沉痛。此外，个别诗篇中也不乏优美的意境和佳句，所以东晋孙绰说："陆文如排沙简金，往往见宝。"（《世说新语·文学》篇）

在艺术风格上，陆机诗的主要特点是讲求形式的华美整饬，以其深厚的学力、繁缛的辞藻、纯熟的技巧，表现一种雍容华贵之美。这种艺术追求，极大地影响了西晋诗坛的艺术倾向，形成"采缛于正始，力柔于建安"（《文心雕龙·明诗》）的局面。陆机诗虽然以辞藻典雅见长，但因着意避俗，刻炼太过，见出斧凿之痕，反伤自然之美。这是陆诗的主要缺点，即使是他的名篇《赴洛道中作》也不免于此病。再则，陆诗大量运用对偶句式，有的几乎通篇对偶，"开出排偶一家"（沈德潜《古诗源》），虽然工整圆稳，却无空灵矫健之气，流于孱弱呆滞。另外，陆诗过于追求辞藻富赡，失于裁剪，导致繁芜之累。所以孙绰称"陆文深而芜"。

陆机的赋今存27篇，或感时节之代谢，或悲故旧之丧亡，或抒思乡之情愫，大多篇幅短小，文笔清灵。如《叹逝赋》把亲故凋零的哀伤写得回环往复，曲折情深。陆机的赋中最有名的是《文赋》。这是文学史上最早采用"赋"的体裁而写成的文学理论著作。其中既总结了以前作家的经验，也融合了陆机本人创作的甘苦和体会，其中不少见解颇有价值。

陆机的文，思想内容比诗、赋更为充实，时有峭健之笔。其中著名的有《辨亡论》，论东吴兴亡之由，归于能否得人，议论滔滔，笔势流畅，可称为西晋论文中最为博大的篇什。《吊魏武帝文》是看到曹操遗令有感而作，文中肯定了曹操的事功，又对这位叱咤风云的豪杰在死亡面前不能摆脱对家庭琐务

的牵挂之情而暗含讥刺，文笔时而峭拔豪放，时而委婉细腻。陆机还有《演连珠》50首，每首8句，以自然界或人类社会某种现象为喻，经过推衍阐发，再关合到政治与人生中的某种道理。运思巧妙，说理精深，辞丽言约，气韵圆转，有流丸之妙。另外，他的《豪士赋序》讽刺齐王司马冏矜功自伐、受爵不让，比起汉魏文章来，句式更为整饬，声律更为谐美，典故更为繁密。陆机是骈文的奠基者。像上面提到的《叹逝赋序》《豪士赋序》《吊魏武帝文》等，以情带理，是西晋骈体文的典型。

陆机的才能是多方面的。除文学创作外，他在史学、艺术方面也多所建树。在史学上，曾著《晋纪》4卷、《吴书》（未完成）、《洛阳记》1卷等，多已佚。他还是著名的书法家，所写的章草《平复帖》流传至今，是书法中的珍品。另外，据唐代张彦远《历代名画记》，陆机还著有画论。

据《晋书·陆机传》载，陆机

所作诗、赋、文章，共 300 多篇，今存诗 107 首，文 127 篇（包括残篇）。原集久佚。南宋徐民瞻得遗文 10 卷，与陆云集合刻为《晋二俊文集》，明代陆无大据以翻刻，即今通行之《陆士衡集》。明代人张溥所辑《汉魏六朝百三家集》有《陆平原集》。

# 范晔

中国南北朝时史学家。字蔚宗。顺阳（今河南淅川东南）人。曾为刘裕之子彭城王刘义康的参军，累迁尚书吏部郎。宋文帝元嘉九年（432），因事触怒刘义康，左迁宣城太守，郁郁不得志，遂以著述为事，撰写《后汉书》。后又陷入刘义康与宋文帝刘义隆的权力之争，于元嘉二十二年遇害。

# 任昉

中国南朝梁文学家。字彦昇，祖籍乐安博昌（今山东寿光）。南齐时，与萧衍等友善，合称"竟陵八友"。永元三年（501），萧衍进军建康，任昉为记室。次年，萧衍代齐称帝，禅让文告皆出自任昉手笔。入梁，历任御史中丞、新安太守，卒赠太常，谥敬子。任昉博学能文，颇受当时学者王俭、沈约器重。读书广博，藏书万卷，与沈约、王僧孺同为当时著名的藏书家。文思敏捷，尤长表诰，有"沈（约）诗任（昉）笔"之誉。今所存文章多为代笔拟作的骈体应用文告之类，有文采且见渊博。较好的作品，如《王文宪集序》《吊刘文范》等，笔调含情，哀婉动人，虽"俪体行文"，而"无伤逸气"（张溥《任彦昇集题辞》）。晚年转而著力于诗，但是用典过多，不过今所存诗21首，却比较平实，用典不多。如《赠王僧孺》《出郡传舍哭范仆射三首》等，直抒胸臆，情辞深婉；《济浙江》《落日泛舟东溪》等，写景述怀，文笔清丽，颇含兴寄。《隋书·经籍志》有《任昉集》34卷，已佚。明张溥辑有《任彦昇集》，收入《汉魏六朝百三家集》。此外，《述异记》2卷，旧题任昉撰，或有可能。又《文章缘起》1卷，旧题任昉撰，论述各种文体起源。《四库全书总目》疑为《新唐书·艺文志》所载张绩补辑。当代学者亦认为不大可能出自任昉。

# 徐 陵

中国南朝梁陈间诗人、骈文家。字孝穆。祖籍东海郯（今山东郯城）。早年为梁东宫学士。曾出使东魏，遭侯景之乱，被留邺城7年，后得南返。仕陈，官至左光禄大夫、太子少傅。徐陵的诗文喜用典故，注意辞藻、对仗。历来的评论家常把他和庾信合称为"徐庾"。其诗有一些较好的写景之句。他拟作的乐府诗《出自蓟北门行》等，意气豪壮，风格遒劲。流露出对连年战乱的谴责之意。徐陵亦擅长骈文，在当时享有盛誉。他的文章一般都写得辞藻华美，音节和谐，对后世有一定影响。徐陵骈文中比较优秀的作品是他羁留北齐时所写的《在齐与仆射杨遵彦书》，此文据理力争，逻辑性强，且沉痛哀切，富于抒情意味。他的《玉台新咏序》

绮艳精工，也是一篇传诵的文章。《徐陵集》原本已佚，今存 6 卷，乃后人所辑。最通行的版本是清人吴兆宜注本。

# 李 密

中国晋初散文家。字令伯。一名虔。犍为武阳（今四川彭山）人。自幼由祖母刘氏收养。师事谯周，长于《春秋左氏传》。历任蜀国州从事、尚书郎等职。曾出使吴国，吴人称其有才辩。蜀亡后屏居乡里，累举不应。泰始三年（267）李密44岁，晋武帝立太子，征为太子洗马，诏书累下，郡县逼迫，他为此上《陈情事表》。武帝览表感动，命郡县供其祖母奉膳。刘氏死后，李密服丧满，应征为太子洗马、尚书郎，出为河内温令。李密自恃才能，常望内转，因不遂所愿，在迁汉中太守赐钱时怀怨赋诗，被奏免官。去官后为本州大中正。

《陈情事表》简称《陈情表》。在此表中，李密陈述自己与祖母相依为命，暂时不能应诏的苦衷，把处境和祖孙间真挚深厚的感情写得婉转凄恻。文章的语言尤具特色，如"茕茕孑立，形影相吊"；"日薄西山，气息奄奄"；"人命危浅，朝不虑夕"，形象而又生动，词意真切，传为千古名句，转为成语。此文见《三国志·蜀志·杨戏传》注引《华阳国志》、萧统《文选》，后来各种选本多加采录，是中国古代散文名篇。李密另著有《述理论》10篇，已佚。此外，尚存两篇短文片段，残诗1首。

# 王 勃

中国唐代诗人。字子安。绛州龙门（今山西河津）人。与杨炯、卢照邻、骆宾王以诗文齐名，并称"王杨卢骆"，亦称"初唐四杰"。祖父王通是隋末著名的学者，号文中子。父亲王福畤历任太常博士、雍州司功等职。王勃才华早露，未成年即被司刑太常伯刘祥道赞为神童，向朝廷表荐，对策高第，授朝散郎。高宗乾封元年（666）被沛王李贤征为王府侍读，两年后因戏为《檄英王鸡》文，被高宗怒逐出府。随即出游巴蜀。咸亨三年（672）补虢州参军，因擅杀官奴当诛，遇赦除名。其父亦受累贬为交趾令。上元二年（675）随父南下，次年返，渡海溺水，惊悸而死。有学者研究认为王勃并非溺水而亡。从王勃随父迁回内地作《游冀州韩家园序》《三月伤己被襖序》，以及王承烈写于文明元年八月二十四日的祭奠王勃的祭文等推测，王勃卒于文明元年（684），享年 35 岁。

王勃的文学主张崇尚实用，认为"君子以立言见志"（《上吏部裴侍郎启》）。当时文坛盛行以上官仪为代表的诗风，"争构纤微，竞为雕刻"，"骨气都尽，刚健不闻"，王勃"思革其弊，用光志业"（杨炯《王勃集序》）。他创作"壮而不虚，刚而能润，雕而不碎，按而弥坚"的诗文，对转变风气起了很大的作用。

王勃的诗今存 80 多首，多为五言律诗和绝句。其中写离别怀乡之作较为著名。《送杜少府之任蜀川》写离别之情，以"海内存知己，天涯若比邻"相慰勉，意境开阔，一扫惜别伤离的低沉气息，为唐人送别诗之名作。《别薛华》《重别薛华》等五律都以感情真挚而动人。《山中》《羁春》《春游》《临江二首》等五言绝句，则通过写景抒发深沉的怀乡之情。明代胡应

麟认为王勃的五律"兴象婉然，气骨苍然，实首启盛（唐）、中（唐）妙境。五言绝句亦舒写悲凉，洗削流调。究其才力，自是唐人开山祖"（《诗薮·内编》卷四）。

王勃的古诗仅有 10 多首，其中《临高台》反映都市繁华生活，暗寓对贵族豪门的讽刺。《采莲曲》《秋夜长》写妇女在采莲和捣衣时思念征夫，则是直接继承了乐府民歌的传统，而又能开拓意境。这些诗作虽仍带有六朝的华艳色彩，但风格清新明朗，显示了唐诗的新面貌。清人毛先舒曰："王子安七言古风，能从乐府脱出，故宜华不伤质，自然高浑矣。"（《诗辩坻》卷三）。

王勃的赋和序、表、碑、颂等文，今存 90 多篇，多为骈体，其中亦不乏佳作。《秋日登洪府滕王阁饯别序》（《滕王阁序》）在唐代已脍炙人口，名句如"落霞与孤鹜齐飞，秋水共长天一色"，更为历来论者所激赏。《旧唐书·文苑传》引崔融语云："王勃文章宏逸，固非常流所及。"《四库全书总目》亦谓"勃文为四杰之冠"。

王勃还写有许多学术著作，见于著录的有《周易发挥》5 卷、《次论语》5 卷（一作 10 卷）、《千岁历》、《颜氏〈汉书〉指瑕》、《平台钞略》（一作《平台秘略》）10 篇、《合论》10 篇、《黄帝八十一难经注》、《元经传》、《舟中纂序》5 卷、《医书纂要》1 卷等。这些著作除个别篇章如《黄帝八十一难经序》《平台秘略论赞》被收入《文苑英华》外，余皆亡佚。

王勃的文集，较早的有 20 卷、30 卷、27 卷 3 种本子，皆不传。现有明崇祯中张燮搜集汇编的《王子安集》16 卷；清同治甲戌蒋清翊著《王子安集笺注》，分为 20 卷。此外，杨守敬《日本访书志》著录卷子本古钞《王子安文》1 卷，并抄录其佚文 13 篇（实为 12 篇，其中 6 篇残缺）。罗振玉《永丰乡人杂著续编》又辑有《王子安集佚文》1 册，共 24 篇，增杨氏所无者 12 篇，且补足杨氏所录 6 篇残缺之文。罗氏序文中还提及日本京都"富冈君（谦藏）别藏《王子安集》卷二十九及卷三十"，按日本京都帝国大学部影印唐抄本第一集有《王勃集残》2卷，注云"存第二十九至三十"，当即富冈所藏本。清宣统三年（1911）刊姚大荣《惜道味斋集》有《王子安年谱》。

生平事迹见《旧唐书·文苑传》《新唐书·文艺传》《唐才子传》。

# 李华

中国唐代散文家。字遐叔。赵州赞皇（今属河北）人。玄宗开元二十三年（735）进士，任监察御史、右补阙等。安史之乱中为叛军所虏，受伪职，乱平，贬杭州司户参军。代宗广德初官至检校吏部员外郎，不久因病去官，客隐楚州以终。

李华与萧颖士齐名，又与独孤及、贾至、柳芳等友善，同为古文运动先驱。李华文章存留较多，各体均有佳作。《含元殿赋》三千余言，主文而谲谏，风格平正，文字畅达。《中书政事堂记》摆脱官府记述官制沿革、官吏除替等俗套，着重说明宰相在国家事务中巨大责任，词严义正。代表作《吊古战场文》借写古战场荒凉，婉转表达了人民对和平宁静生活的向往，融情入景，文字凄丽，为历代选家所重。亦有诗名。今所存诗多为古诗，七绝《春行寄兴》是历来传诵的名篇。

《新唐书·艺文志》著录《李华前集》10卷、《中集》20卷，俱佚。后人辑其佚文成《李遐叔文集》4卷。《全唐文》编其文为8卷，《全唐诗》编其诗为1卷。事迹见《新唐书》《旧唐书》本传。

# 韩 愈

唐代文学家、哲学家。字退之。河南河阳（今孟州市）人，祖籍昌黎，世称韩昌黎，晚年任吏部侍郎，又称韩吏部。谥号"文"，又称韩文公，北魏贵族后裔，父仲卿，为小官僚。

**生平** 韩愈一生经历，大致分四个阶段：

第一阶段，24岁以前。3岁丧父。受兄韩会抚育。后随韩会贬官到广东。兄死后，随嫂郑氏北归河阳。后迁居宣城。7岁读书，13岁能文，从独孤及、梁肃之徒学习，究心古训，并关心政治，自称"前古之兴亡，未尝不经于心也，当世之得失，未尝不留于意也"（《与凤翔邢尚书书》），确定了一生努力的方向。20岁赴长安应进士试，三试不第。

第二阶段，25至35岁。先登进士第。然后三试博学鸿词不入选，便先后赴汴州董晋、徐州张建封两节度使幕府任职，后至京师，官四门博士。这一阶段重要诗文，有《原道》《原性》《答李翊书》《师说》《送李愿归盘谷序》《送孟东野序》《此日足可惜赠张籍》《山石》等。

第三阶段，36至49岁。先任监察御史，因上书论天旱人饥状，请减免徭役赋税，指斥朝政，被贬为阳山令。顺宗即位，用王叔文集团进行政治改革，他持反对立场。宪宗即位，获赦北还，为国子博士。改河南令，迁职方员外郎，历官至太子右庶子。因先后与宦官、权要相对抗，仕宦一直不得志。这一阶段重要诗文，有《张中丞传后叙》、《毛颖传》、《送穷文》、《进学解》、《八月十五夜赠张功曹》、《赴江陵途中寄赠……翰林三学士》、《谒衡岳庙遂宿岳寺题门楼》、《南山诗》、《秋怀诗》11首、《陆浑山火和皇甫湜用其韵》、《石鼓歌》等。

第四阶段，50 至 57 岁病故。先从裴度征讨淮西吴元济叛乱，任行军司马，贯彻了加强中央集权反对藩镇割据的主张。淮西平定后，升任刑部侍郎。他一生排斥佛教。元和十四年（819）宪宗迎佛骨入大内，他奋不顾身，上表力谏，为此被贬为潮州刺史。移袁州。不久回朝，历官国子祭酒、兵部侍郎、吏部侍郎、京兆尹等显职。为兵部侍郎时，镇州王庭凑叛乱，他前往宣抚，成功而还。最后这一阶段，政治上较有作为。重要诗文有《平淮西碑》《论佛骨表》《柳子厚墓志铭》《左迁至蓝关示侄孙湘》《泷吏》等。

韩愈一生，在政治、文学方面都有所建树，而主要成就是文学。他反对魏晋以来的骈文，提倡古文，进行了长期的激烈斗争。"韩愈奋不顾流俗，犯笑侮，收召后学"（柳宗元《答韦中立论师道书》）；"时人始而惊，中而笑且排，先生益坚，终而翕然随以定"（李汉《昌黎先生集序》）。由于他和柳宗元等人的倡导，终于形成了唐代古文运动，开辟了唐宋以来古文的发展道路。他的诗歌有独创成就，对宋诗的发展有重要影响。

**文学主张** 韩愈的文学主张，与他的政治思想、学术观点有密切关系。他的政治思想、学术观点比较复杂，主要渊源于儒家，但也有一些"离经叛道"的言论。他一方面谈仁义，谈性三品，继承孟轲、董仲舒的儒学传统，反对佛教的清净寂灭、神权迷信，主张"人其人，火其书"（《原道》），僧徒返俗，佛经焚毁；另一方面又相信天命和鬼神。一方面赞扬孟轲辟排杨、墨，"功不在禹下"，认为"杨、墨行，正道废"（《与孟尚书书》）；另一方面又说"孔子必用墨子，墨子必用孔子，不相用不足为孔、墨"（《读墨子》）。一方面主张"宗孔氏"，"贵王贱霸"（《与孟尚书书》）；另一方面又盛赞管仲、商鞅的事功，指斥后人"羞言管、商氏"为"不责其实"（《进士策问》）。一方面诋毁王伾、王叔文集团的改革；另一方面却追随另一个比较进步的政治家裴度，在反对藩镇割据、宦官擅权等主要问题上，与二王的主张并无二致。这些复杂矛盾的现象，在他的作品中都有反映。因此，韩愈虽然以儒学的卫道士自居，可是在宋代理学家看来，他是"为文所得处多"，但对儒家之道"却倒学了"（《二程遗书》），"其论著不诡于圣人盖寡矣"（杨时《送吴正子序》）。

关于散文和诗歌的写作，韩愈有整套理论。第一，他继承儒家的传统观点，认为道是目的和内容，文是手段和形式；主张用道来充实文的内容，文道合一，以道为主。而道的内涵，就是仁义。第二，古道载于古人之文，尊尚古道，就要提倡古文。"学古道则欲兼通其辞，通其辞者，本志乎古道者也"（《题欧阳生哀辞后》）。所以他提出学习先秦两汉古文的主张，严格规定"非三代两汉之书不敢观，非圣人之志不敢存"（《答李翊书》）的学习标准。于五经外，也要博取兼资庄周、屈原、司马迁、司马相如、扬雄诸家"同工异曲"的作品，"沉浸醲郁，含英咀华"（《进学解》），合"经、诰之指归，迁、雄之气格"（《旧唐书》本传）于一手。第三，学古的用意是要在继承传统的基础上创新。"惟善用古者能变古"（刘熙载《艺概》），所以他坚持"唯古于词必己出"（《南阳樊绍述墓志铭》）、"唯陈言之务去"（《答李翊书》）的写作原则。第四，用古文的形式写有充实内容的作品，首先要求作者有扎实的道德修养。他根据《孟子》的养气说，提出了"行之乎仁义之途，游之乎《诗》《书》之源"的养气论，认为"根之茂者其实遂，膏之沃者其光晔，仁义之人，其言蔼如也"，"气盛则言之短长与声之高下者皆宜"（《答李翊书》）。第五，充实的内容又必须来自现实生活的土壤。他认为作者对社会现实的不平情绪是使作品思想性深化的原因，因而提出了"大凡物不得其平则鸣"，"有不得已者而后言，其歌也有思，其哭也有怀"（《送孟东野序》），"和平之音淡薄，而愁思之声要妙；欢愉之辞难工，而穷苦之言易好"（《荆潭唱和诗序》）等论点，"自言其文亦时有感激怨怼奇怪之词"（刘熙载《艺概》）。这就突破了文以载道观点的局限，继承并发展了儒家关于《诗三百篇》的"怨""刺"作用、屈原的"发愤以抒情"（《九章·惜诵》）、司马迁的"发愤著书"等说，并对宋代欧阳修的"穷而后工"说起了重要影响。第六，在作品的风格方面，又强调"奇"。"元和以后，为文笔，则学奇诡于韩愈"（李肇《国史补》），可见韩愈的诗文，在"元和体"中代表着"奇诡"的一路，韩愈与元稹、白居易，都推崇杜甫，但发展的方向不同。元、白重杜轻李，韩愈则李、杜并重。他在诗歌创作上的奇情壮思、幻想驰骋，更倾向于李白。他批判扬杜抑李论者"蚍蜉撼大树"，推崇"李、杜文章在，光焰万丈长"，表示自己跟李、杜"精诚忽交通，百怪入我肠"，向往

并追求李、杜那种"巨刃摩天扬，垠崖划崩豁，乾坤摆雷破"（《调张籍》）的雄奇风格，这对同时代的作者如樊宗师、李贺、卢仝、皇甫湜和宋代王令、清代胡天游等人的创作，有很大影响。

**文学创作** 韩愈的散文、诗歌创作，实践了他的理论。所作赋、诗、论、说、传、记、颂、赞、书、序、哀辞、祭文、碑志、状、表、杂文等各种体裁的作品，都有卓越的成就。

论说文在韩愈散文中占有重要地位。其中一种类型，是以明儒道、反佛教为主要内容的长篇和中篇。如从现实的政治、经济观点着眼的《原道》《论佛骨表》，从哲学观点立论的《原性》，从传道授业角度说理的《师说》等。这类文章，大都格局严整、层次分明。又一种类型，是一些嘲讽社会现状的杂文。短篇如《杂说》《获麟解》，比喻巧妙；长篇如《送穷文》《进学解》，用东方朔《答客难》、扬雄《解嘲》的问答形式和幽默笔

触，表现自己的坎坷遭遇，嘲讽社会上的庸俗习气，构思奇特，锋芒毕露。再一种类型，是论述文学思想和写作经验的，体裁多样，如书信体《答李翊书》《与冯宿论文书》，赠序体《送孟东野序》《送高闲上人序》等。文笔也多变化，如《送孟东野序》用38个"鸣"字贯串全篇，《送高闲上人序》以精湛的理论与奇幻的形象描写相交织等，都是论说文的上乘。

叙事文在韩愈散文中也占有很大比重。其中一种类型，是学习儒家经书的，如《平淮西碑》用《尚书》和《雅》《颂》的体裁，歌颂唐王朝平定藩镇叛乱的业绩，"句奇语重""大笔淋漓"，向来被认为是"点窜《尧典》《舜典》字，涂改《清庙》《生民》诗"（李商隐《韩碑》）的巨制；《画记》直叙许多人物，也是从《尚书·顾命》《周礼·考工记·梓人职》脱化而来的。又一种类型，是继承《史记》历史散文传统的，如《张中丞传后叙》刻画英雄人物形象，叙事、议论、抒情相融合，为公认的名篇。此外，描绘人物生动奇特，学习《史记》《汉书》而不用议论的，如《试大理评事王君墓志铭》《清河张君墓志铭》等，亦为一种类型。为友情深厚的文学家而作，能突出不同作家特色的，如《柳子厚墓志铭》《贞曜先生墓志铭》《南阳樊绍述墓志铭》等，又是一种类型。但在韩愈所写的大量墓碑和墓志铭中，也有一些为"谀墓"之作，当时已被刘叉所讥斥（李商隐《刘叉》）。

抒情文中的祭文，表现骨肉深情，用散文形式写，突破四言押韵常规的，如《祭十二郎文》，是一种类型；表现朋友交谊、患难生活，用四言韵语写的，如《祭河南张员外文》《祭柳子厚文》，又是一种类型。此外，书信如《与孟东野书》，赠序如《送杨少尹序》等，也都是具有一定感染力的佳作。

韩愈另有一些散文，如《毛颖传》《石鼎联句诗序》之类，完全出于虚构，具有小说意味，但和当时一般传奇小说仍有区别。《毛颖传》多少带有作者的身世感慨,《石鼎联句诗序》或以为是讥讽当时宰相之辞。这类作品,时人"大笑以为怪",而柳宗元独以为奇(柳宗元《读韩愈所著毛颖传后题》《答杨诲之书》)。柳宗元也写了几篇类似的文章。韩愈的门人沈亚之,则是著名的小说家。他们多少受到韩愈的影响。

韩愈的散文,气势充沛,纵横开阖,奇偶交错,巧譬善喻,或诡谲,或严正,具有多样的艺术特色。柳宗元《答韦珩示韩愈相推以文墨事书》说是"猖狂恣睢,肆意有所作",与司马迁"相上下"而"过扬雄远甚";苏洵《上欧阳内翰书》说是"如长江大河,浑浩流转,鱼鼋蛟龙,万怪惶惑",很能形容出韩文的主要风貌。这样的散文,对六朝以来柔靡的骈俪文风,具有扫荡作用。韩愈又是语言的大师,善于对前人的语言推陈出新,对人们的口语进行提炼。如"蝇营狗苟"(《送穷文》)、"贪多务得""同工异曲""俱收并蓄"(《进学解》)、"不塞不流,不止不行"(《原道》)等新颖词语,韩文中为数不少,一直沿用至今,丰富了中国语言的宝库。他主张"文从字顺各识职"(《南阳樊绍述墓志铭》),创造一种在口语基础上提炼出来的书面散文语言,扩大了文言文体的表达功能。但另一方面,他还有一种佶屈聱牙的文句,自谓"不可时施,只以自嬉"(《送穷文》),对后来一部分文人也有影响。

韩愈的诗也有独创成就,向来亦称大家。其艺术特色,主要表现为奇特雄伟、光怪陆离。如《陆浑山火和皇甫湜用其韵》《月蚀诗效玉川子作》一类诗,不仅是"怪怪奇奇"的几幅"西藏曼茶罗画"(沈曾植评《陆浑山火》诗语),而且具有深刻的时代现实内容。那种雄奇境界,也存在于不少写景诗如《南山诗》《岳阳楼别窦司直》,抒情诗如《孟东野失子》等作品中。但韩愈诗在追求奇谲的同时,往往也有填砌僻语、生字、押险韵等近

于文字游戏的缺陷。韩诗艺术特色的另一表现为朴素无华。一些反映社会现实、关心政治得失、同情人民疾苦的作品，长篇如《赴江陵途中寄赠……翰林三学士》，继承杜甫《自京赴奉先县咏怀五百字》《北征》的传统；短篇如《汴州乱》，接近白居易、张籍的风格。一些写景咏物诗如《山石》《南溪始泛》《杏花》，一些抒情诗如《题驿梁》《答张十一功曹》，也都具有不尚雕绘、本色天然的好处。

韩愈写诗的方法，是"以文为诗"。这是他提倡古文、反对骈文的主张在诗歌领域的贯彻。主要表现为：①把散文的篇章结构、句式、虚词等运用于诗歌写作，使诗的形式散文化。如《山石》《八月十五夜赠张功曹》，清人方东树指出它们使用了"古文手笔""古文章法"（《昭昧詹言》）。《泷吏》则用古文《进学解》的结构布局为诗。这种诗体散文化的长处，是比较自由流畅，扩大了诗歌表达的功能。缺点在于有时把散文的虚词过多地引进诗中，如"放纵是谁之过欤"（《寄卢仝》）、"知者尽知其妄矣"（《谁氏子》）之类，其实都是文章语句而不是诗句。后代诗人如钱载、翁方纲等，就受了这种影响而变本加厉。②把大量的议论成分引进诗中，以议论为诗，有时甚至通篇是议论。如《君子法天运》一首，通篇用《荀子》的议论和语句为诗，味同嚼蜡。《谁氏子》《谢自然诗》的后半篇排斥道教，《送灵师》头一段排斥佛教，则是押韵的《原道》《论佛骨表》。《荐士》上半篇，概论诗歌发展，又是《送孟东野序》一类文论的翻版。这些，都不符合形象思维的写作规律，和《诗》三百篇以及杜甫诗中结合少许议论的作品不同。宋人如欧阳修、王安石的部分作品，尤其是理学家的诗，就受了这种影响。③用辞赋家铺张雕绘的手法为诗。传统的文学作品分类，赋是列在文章体裁之内的。韩愈的以赋为诗，也是以文为诗的一种表现。《南山诗》最有代表性，宋代洪兴祖指出它

"似《子虚》《上林赋》"(《韩集五百家注》引);朱彝尊说它是"以赋为诗,铺张宏丽"(《韩昌黎诗集》两色批点本)。这首诗中连用50多个"或""或如""又如",又连用14个迭字句,吸收《高唐赋》《神女赋》《洛神赋》《七发》《文赋》以及佛经《佛所行赞》中的句式并加以扩展,排比形容,层出不穷,别开长篇雕绘的途径,在山水诗的发展史上,一变谢灵运以来五言的清丽风格,跟杜甫的五言短篇也不相同。《城南联句》写长安各种事物,用的也是赋体。这类诗,有光怪陆离、雄奇纵恣的艺术特色,但也有累赘堆砌、晦涩呆钝、僻词怪字满纸的缺点。

韩愈以文为诗,有成功的地方,也有失败的地方。沈括说:"退之诗押韵之文耳,虽健美富赡,然终不是诗。"吕惠卿却说:"诗正当如是,吾谓诗人亦未有如退之者。"(惠洪《冷斋夜话》)各着眼于一面,得出褒贬不同的结论。

韩愈以文为诗,因而在各类诗体方面,擅长古体,律诗绝句数量较少。但其律、绝中也有少数佳篇,如七律《左迁至蓝关示侄孙湘》《答张十一功曹》《题驿梁》,七绝《次潼关先寄张十二阁老》《题楚昭王庙》《早春呈水部张十八员外》,为历来选家、评论家所赞赏。

韩愈诗文,唐代以来久有定评,古文方面评价尤高。杜牧把韩文与杜诗并列,称为"杜诗韩笔"(《读韩杜集》)。苏轼称韩愈"文起八代之衰"(《潮州韩文公庙碑》)。茅坤选《唐宋八大家文钞》,以韩愈冠首。诗歌方面,评论则有分歧。赞扬韩诗的,司空图说它"驱驾气势,若掀雷挟电,撑抉于天地之间"(《题柳集后》),宋代人以为"虽杜子美亦不及"(张戒《岁寒堂诗话》引),赵秉文以为"昌黎以古文浑灏,溢而为诗,而古今之变尽"(《与李孟英书》),叶燮说"韩愈为唐诗之一大变,其力大,其思雄,崛起特为鼻祖"(《原诗》),总之,都承认他是开派的大家。持贬抑论者，除沈括外，陈师道以为"退之于诗，本无解处"（《后山诗话》），王世贞以为"韩退之于诗，本无所解"（《艺苑卮言》），近代如王闿运、章炳麟诸人对韩诗也多贬词。两种评论，各走极端。陈三立说："不能病其以文为诗，而损偏胜独至之光价。"（《题程学恂〈韩诗臆说〉》）这是对韩诗艺术成就较为公允的论断。

**本集及其版本** 韩愈的集子，为其弟子李汉所编，外集为宋人所辑。现存韩集古本，以南宋庆元魏怀忠所编刻的《五百家音辨昌黎先生文集》《外集》为最善，它保存了不少原本已失传的宋人旧注，今有影印本。南宋末廖莹中世綵堂本《昌黎先生集》《外集》《遗文》，经明代徐氏东雅堂翻刻后，最为通行，系全录朱熹《考异》和节录五百家注而成。廖氏原刻今有影印本。诗集单行注本，清代有顾嗣立《昌黎先生诗集注》、方世举《韩昌黎诗集编年笺注》2种。今人钱仲联《韩昌黎诗系年集释》是另行系

年的集注本。

为韩集作校勘或补注而不列正文的，宋代有方崧卿《韩集举正》、朱熹《韩文考异》，清代有陈景云《韩集点勘》、王元启《读韩记疑》、沈钦韩《韩集补注》、方成珪《韩集笺正》，近人有徐震《韩集诠订》。

韩愈生平事迹，见于皇甫湜《昌黎韩先生墓志铭》《韩文公神道碑》和李翱《韩公行状》，这是最原始的材料。新、旧《唐书》本传，朱熹并有《新唐书》本传的详注。编为年谱、年表的有好几种，以宋洪兴祖《韩子年谱》最为详备。方崧卿《年谱增考》即合刻在洪谱各条之后。

研究著作，王鸣盛《蛾术编》、郑珍《巢经巢文集》、俞樾《俞楼杂纂》诸书有关条目或文章，具有学术价值。赵翼《瓯北诗话》、方东树《昭昧詹言》、林纾《韩柳文研究法》中有关部分，是评论诗文的代表著作。单篇论文，以近人陈寅恪《论韩愈》为最著名。

# 刘禹锡

中国唐代文学家、哲学家。字梦得。洛阳（今属河南）人。祖籍中山（今河北定州）。其父刘绪因避安史之乱，举族东迁，寓居嘉兴（今属浙江）。刘禹锡出生于其父迁徙之后，童年时代生活在江南，曾至吴兴从诗僧皎然、灵澈学诗。德宗贞元九年（793），进士及第，接着又登博学宏词科。十一年，授太子校书。十六年，入杜佑幕掌书记，参与讨伐徐州叛军。十八年，调任渭南县主簿。次年入朝为监察御史。二十一年（805）正月，顺宗即位，刘禹锡升任屯田员外郎，判度支盐铁案，协助杜佑、王叔文整顿财政，推进改革，受到宦官、藩镇及守旧派朝臣的联合反对。八月，顺宗被迫让位于太子李纯，即宪宗，改元永贞。九月，刘禹锡被贬连州（今属广东）刺史，途中改贬朗州（今湖南常德）司马，在朗州谪居9年。宪宗元和十年（815）初，奉召回京，因作《戏赠看花诸君子》诗得罪执政，被外放为连州刺史。先后又担任过夔州刺史、和州刺史。文宗大和元年（827），刘禹锡任东都尚书省主客郎中。次年回朝任主客郎中。五年十月，出为苏州刺史，后转历汝、同二州刺史。自开成元年（836）始，改任

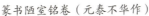

篆书陋室铭卷（元泰不华作）

太子宾客、秘书监分司东都的闲职，后加检校礼部尚书衔，世称刘宾客、刘尚书。刘禹锡一生历经八朝帝王，却很少有一展才能的机会，前期屡受政治打击和贬谪磨难，后期虽欲在政治上有所作为，但物是人非的现实和日趋激烈的政治斗争，已使他感到事不可为亦不能为。武宗会昌二年（842）秋，病逝于洛阳。

刘禹锡性格刚毅，有豪猛之气。其诗无论短章长篇，大都简捷明快，风情俊爽，有一种哲人的睿智和诗人的挚情渗透其中，极富艺术张力和雄健气势，白居易称他为"诗豪"。晚年与白居易并称"刘白"。今存诗800余首，内容非常丰富。有承继《诗经》美刺传统，旨在抨击政敌和揭露弊政的讽刺之作，如《聚蚊谣》《飞鸢操》《百舌吟》《调瑟词》《贾客词》等。有吸收民歌的营养、表现地方风土人情的民歌体组诗，如《竹枝词》《杨柳枝词》《浪淘沙词》《踏歌词》等。其中《竹枝词》诸作清新爽朗，节奏感强，兼具民歌朴厚本色与七绝声律谐婉之长，被黄庭坚誉为"词意高妙，元和间诚可以独步"（《豫章黄先生文集》卷二六《跋刘梦得竹枝歌》）。其咏史怀古之作也历来为人称道，如《西塞山怀古》《金陵五题》《蜀先主庙》等，多沉着痛快，雄浑老苍，具有一种沉思历史和人生的沧桑感、隽永感。

刘禹锡论诗主张含蓄，认为"片言可以明百意，坐驰可以役万景""境生于象外"（《董氏武陵集纪》），对意境说的形成有一定贡献。此外，他还重视诗歌的音乐美。这些主张在他的创作中都有所体现，他的诗不像韩愈那样奇崛，也不像白居易那样浅显，而具有取境优美、精练含蓄、韵律自然的特色。他的诗在唐代流传极广，对后世文人也有较大影响。

刘禹锡也是唐代古文运动的积极参与者。与韩愈、柳宗元的古文理论大体一致，他反对"沉溺于浮华"的骈体文，明确提出文章应该是"见志之具"（《献权舍人书》），并强调"文章之用"（《唐故相国赠司空令狐公集纪》）。其文尤长于论辩说理，代表作如《天论》3篇，论述天的性质和天人关系，推理缜密，富于哲学思辨色彩。其他如《华佗论》《辨迹论》《明贽论》等杂文，或借题发挥，针砭现实；或借古讽今，抨击弊政，多短小精悍，气机畅达，隐微深切。柳宗元称其"文隽而膏，味无穷而炙愈出"（刘禹锡《犹子蔚适越戒》引），是确当之论。宋代谢采伯认为："唐之文风，大振于贞元、元和之时。韩、柳倡其端，刘、白继其轨。"（《密斋笔记》卷三），较公允地评价了刘禹锡在古文运动中的地位。

刘禹锡在世时曾自编诗文集，今无传。《新唐书·艺文志》著录《刘禹锡集》40卷。宋初亡佚10卷。宋敏求搜集遗佚，辑为外集10卷，但仍有遗漏。现存刘集宋本主要有三：一为民国徐鸿宝影印宋绍兴八年董弅刻本，二为1913年董康影印日本崇兰馆藏宋刻蜀大字本，三为中国国家图书馆所藏宋刻残本《刘梦得文集》4卷。现通行之刘集版本，除《四部丛刊》《四部备要》《丛书集成》所收诸本外，今人整理本主要有瞿蜕园编撰《刘禹锡集笺证》30卷，外集10卷（上海古籍出版社1989年版）。

刘禹锡的生平事迹，可参看《新唐书》《旧唐书》本传，唐韦绚编《刘宾客嘉话录》，傅璇琮主编《唐才子传校笺》（中华书局1989年版），卞孝萱《刘禹锡年谱》（中华书局1963年版），张达人《刘禹锡年谱》（中国台湾商务印书馆股份有限公司1977年版），吴汝煜《刘禹锡传论》（陕西人民出版社1988年版）等。

# 柳宗元

唐代文学家、哲学家。字子厚。河东（今山西永济）人。世称柳河东。因官终柳州刺史，又称柳柳州，与韩愈同为唐代古文运动的倡导者。

**生平** 柳宗元一生经历大致有三个阶段：

第一阶段，青少年时期。柳宗元父辈已定居长安（今陕西西安），有田宅，多藏书。父柳镇，官至侍御史，守正疾恶。柳宗元自幼受母卢氏教育，4岁能读古赋14篇。少年时曾随父去过安徽、湖北、江西、湖南等地。13岁写《为崔中丞贺平李怀光表》，早有"奇名"。但他早年为文，主要是为考进士作准备，故"以辞为工"，以"务采色，夸声音"为能（《答韦中立论师道书》）。又曾自称："始仆之志学也，

甚自尊大，颇慕古之大有为者。"（《答贡士元公瑾论仕进书》）可见他是胸怀大志的。

第二阶段，在朝做官时期。贞元九年（793）中进士。十四年登博学鸿词科。授集贤殿正字。一度调为蓝田县尉。不久，回朝任监察御史里行，与韩愈、刘禹锡为同官，并与刘禹锡一起参加了主张革新的王叔文政治集团。贞元二十一年正月，顺宗即位，王叔文集团当政，柳宗元被擢为礼部员外郎，协同王叔文诸人，在半年内推行了一系列进步措施，由是为宦官、藩镇、保守官僚所反对。同年八月，顺宗被迫让位于太子李纯，即宪宗，改元永贞。九月，王叔文集团遭到迫害。柳宗元初贬邵州刺史，十一月加贬永州（今属湖南）司马。刘禹锡、韦执谊、韩泰、陈谏、韩晔、凌准、程异亦同时被贬为远州司马，史称"八司马"。

第三阶段，贬谪远州时期。永贞元年冬，柳宗元到达永州贬所。在永州九年，有机会深入了解人民

疾苦，游览本州山水名胜，写下不少诗文名篇。"永州八记"、《三戒》、《段太尉逸事状》、《贞符》、《非国语》、《天说》、《天对》、《捕蛇者说》等均为此时所作。元和十年（815）春，奉召至京师。三月，又外出为柳州（今属广西）刺史。六月至任所，官虽稍升，而地更僻远。他在这里兴利除弊，修整州容，发展生产，兴办学校，释放奴婢，政绩卓著。元和十四年十一月病殁。当地居民哀悼他，在罗池地方建庙纪念。现在柳州市柳侯公园内，还有柳宗元衣冠墓。贬谪永、柳二州，虽然在政治上失意，却使他在文学上获得了巨大成就。南方人士多有向他求学问业者，扩大了他在文坛上的影响。

**文学主张** 柳宗元的文学主张，与他的哲学思想、政治思想有密切关系。他的哲学思想，继承了王充元气自然论的传统，并利用当时天文地理等科学知识予以丰富，具有朴素的唯物论成分。他在《天说》《天对》《非国语》《断刑论》等作品中，认为宇宙是无限性的，宇宙的本元是"元气"，不存在造物之神；物质世界的变化是由于阴阳二气的运动，人事祸福、社会治乱和客观存在的自然现象没有赏罚关系。他的政治思想，主要表现为重"势"的进步社会历史观。在《封建论》中，他认为郡县制之胜于封建诸侯制，是因为它符合历史发展的必然趋势。他肯定郡县制，主要是为了反对世袭特权，反对藩镇割据，维护封建国家的统一。他又在《晋文公问守原议》中反对宦官干政；在《送宁国范明府诗序》《送薛存义序》中提出官吏"盖民之役而非以役民"；在《兴州江运记》《非国语·不藉》中主张重视农战。这些进步思想，都具有现实意义。但唐代是佛教哲学泛滥的时代，柳宗元自称"自幼好佛，求其道积三十年"（《送巽上人序》），认为"法之至莫尚乎般若，经之大莫极乎《涅槃》。世上士将欲由是以入者，非取乎经论，则悖矣"（《送琛上人南游序》）。在政治上失意时，他更进一步向佛教寻找精神上的解脱。文集中有关佛教的碑、铭、记、序、诗歌等作品，占有一定的比重，对唐代盛行的禅宗、天台宗、律宗等学说都有所涉及，对佛家的唯心主义立场表示同意。虽然他也认为"髡而缁，无夫妇父子，不为耕农蚕桑，而活乎人，若是，虽吾亦不乐也"（《送僧浩初序》），但反对像韩愈那样辟排佛教，以为那是"忿其外而遗其中，是知石而不知蕴玉也"（同前）。他说"吾之所取者，与《易》《论语》合，虽圣人复生，不可得而斥也"（同前）。所反对的仅仅是"去孝以为达，遗情以贵虚"（《送元暠师序》）一类的僧徒，他从"儒以礼立仁义"的观点看待佛教的"律"，说"儒以礼行，觉以律兴"（《南岳大明寺律和尚碑》）。这就削弱了他思想中的唯物主义因素。

柳宗元的哲学、政治思想也影响到他的文学主张。散文理论方面，第一，他与韩愈同时倡导古文，同样重视文的内容，强调道与文的主次关系，主张"文者以明道"（《答韦中立论师道书》）。但对于"道"的内容，却不同于韩愈的只谈仁义。他认为"道之及，及乎物而已耳"（《报崔黯秀才论为文书》），"意欲施之事实，以辅时及物为道"（《答吴武陵论非国语书》），"以生人（民）为己任"，"以伯（霸）济天下"，"凡君子为道，舍是宜无以为大者也"（《与杨诲之第二书》），认为"道"应该使国家强盛、对人民生活有利，应该切实可行，注重实际。由此出发，他重视文学的社会功能，主张文须"有益于世"（《读韩愈所著毛颖传后题》），"文之用，辞令褒贬，导扬讽谕而已"（《杨评事文集后序》），强调了作品对现实所起的作用。第二，他也很重视艺术形式的作用。一方面，他反对内容不合于道而片面追求形式华美的作品，说"今世因贵辞而矜书，粉泽以为工，遒密以为能，不亦外乎"（《报崔黯秀才论为文书》），"夫为一书，务富文采，不顾事实，而益之以诬怪，张之以阔诞，以炳然诱后生，而终之以辟，是犹用文锦覆陷井也"（《答吴武陵论非国语书》）；另一方面，他对忽视艺术形式的偏向也有所批判，说"言而不文则泥"（《答吴武陵论非国语书》），"虽其言鄙野足以备于用，然而阙其文采，固不足竦动时听，夸示后学，立言而朽，君子不由也"（《杨评事文集后序》）。好的内容必须辅以好的形式，具有艺术感染力，才是完美的作品。第三，他认为写作必须持认真严肃的态度，不能出以"轻心""怠心""昏气""矜气"，以避免文章的"飘""驰""杂""骄"等弊病（《答韦中立论师道书》）。他强调"大都文以行为本，在先诚其中"（《报袁君陈秀才避师名书》），指出了作家道德修养的重要性。第四，他推崇先秦两汉之文，提出要向儒家经典和《庄子》《老子》《离骚》《史记》等学习借鉴，博观约取，以为我用（《答韦中立论师道书》），同时又不能堕于"荣古虐今"（《与友人论为文书》）。在诗歌理论方面，他继承了刘勰标举"比兴"和陈子昂提倡"兴寄"的诗论传统，并和同时代白居易《与元九书》中关于讽谕诗的主张相一致。他说："导扬讽谕，本乎比兴者也"（《杨评事文集后序》），"仆尝病兴寄之作堙郁于世，辞有枝叶，荡而成风，益用慨然"（《答贡士沈起书》）。同时，他又接受了司马迁的说法：《诗》三百篇，大抵圣贤发愤之所为作也，此人皆意有所郁结，不得通其道也。"（《史记·太史公自序》）他认为"君子遭世之理，则呻呼踊跃以求知于世，而遁隐之志息焉。于是感激愤悱，思奋其志略以效于当世，以形于文字，伸于歌咏，是有其具而未得行其道者之为之也"（《娄二十四秀才花下对酒唱和诗序》）。这和韩愈"不平则鸣"之说相近。但他所说感激愤悱，是志在用世而不得行其道者之所为，这种有关创作动力的论点，较之韩愈所谓"穷苦之言易好"（《荆潭唱和诗序》）、"自鸣其不幸"（《送孟东野序》）等侧重个人穷困、不谈用世行道的论点，意义的广狭有所不同。柳宗元的诗文理论，代表着当时文学运动的进步倾向。

**文学创作** 柳宗元一生留下600多篇作品，包括诗文两部分。文的成就大于诗。

柳宗元的成就是多方面的。其中近百篇为骈文，不脱唐骈文的习气，但也有像《唐故特进赠开府仪同三司扬州大都督南府君睢阳庙碑》那样的佳篇。古文部分，大致可分为论说、寓言、传记、山水游记、骚赋五类，很多是具有丰富的现实内容和精湛的艺术技巧的作品，特别是在贬谪南方深入接触社会以后所作。

论说包括哲学、政论等文章，以及议论为主的杂文。其特点是笔锋犀利，论证精确。《天说》为哲学论文的代表作。《封建论》《断刑论》等为长篇和中篇政论的代表作。《晋文公问守原议》《桐叶封弟辨》《伊尹五就桀赞》等为短篇政论的代表作。特别是《封建论》，洋洋大篇，林纾称它为"古今至文，直与《过秦》抗席"（《韩柳文研究法》）。

寓言继承《庄子》《韩非子》《吕氏春秋》《列子》《战国策》的传统，并有新的发展。他的寓言多用来讽刺、抨击当时社会的丑恶现实，推陈出新，造意奇特，善用各种动物拟人化的艺术形象以寄寓哲理或表达政治见解。代表作《临江之麋》《黔之驴》《永某氏之鼠》合组成的《三戒》，通过麋、驴、鼠三种物态的描绘，反映现实，形象生动，语言犀利，篇幅虽短，而波澜起伏。《蝜蝂传》《罴说》等篇嘲弄贪婪无厌、虚声惑众的人，同样嬉笑怒骂，因物肖形，表现了高度的幽默讽刺艺术。

传记文继承《史记》《汉书》的传统而有所创新。一种是写英勇正直的上层人物的，如《段太尉逸事状》，刻画了段秀实勇于与强暴者斗争和真切关心人民疾苦的动人形象，又描写了骄兵悍卒的无赖形态和虐民罪行，文章写得生气勃勃，向来与韩愈《张中丞传后序》并称。又一种是写下层被压迫人物的，如《梓人传》《种树郭橐驼传》《童区寄传》《宋清传》《捕蛇者说》等，以进步的政治立场和深厚的同情心，反映和歌颂了这些人物的才能、遭遇、高尚品格、抗暴精神，在真人真事的基础上有夸张有虚构，似寓言又似小说。桐城派古文家以为《宋清传》等"未免小说气"（吴德旋《初月楼古文绪论》），恰恰道出了柳宗元传记文的特点。柳宗元在《读韩愈所著毛颖传后题》中说："俳又非圣人之所弃"，正说明他对小说有比较正确的认识。这类作品，便是他这一主张的实践。

山水游记，是柳宗元文最为脍炙人口的作品，在中国文学史上具有独特的地位。这些游记，均写于贬谪永州以后，而永州之作更胜于柳州之作。著名的"永州八记"：《始得西山宴游记》《钴鉧潭记》《钴鉧潭西小丘记》《至小丘西小石潭记》《袁家渴记》《石渠记》《石涧记》《小石城山记》，即其典范。这些作品，画廊式地展现了湘桂之交一幅幅山水胜景，继承了郦道元《水经注》的传统而有所发展。《水经注》是地理书，对景物多客观描写，少主观感情的流露。柳宗元的游记则把自己的身世遭遇、思想感情融合于自然风景的描绘中。由于对客观景物观察深刻，又经过惨淡经营，因而能够准确地反映对象，并且在艺术思维过程中，投入作者本人的身影，借被遗弃于荒远地区的美好风物，寄喻自己的不幸遭遇，倾注怨愤抑郁的心情。除了这种借景抒愤的特色外，游记中还有一种幽静心境的描写，表现他在极度苦闷中转而追求精神寄托，如所谓"清冷之状与目谋，瀯瀯之声与耳谋，悠然而虚者与神谋，渊然而静者与心谋"（《钴鉧潭西小丘记》），"心凝形释，与万化冥合"（《始得西山宴游记》），"寂寥无人，凄神寒骨，悄怆幽邃，以其境过清，不可久居"（《至小丘西小石潭记》）等，都体现了这种境界。至于直接刻画山水景色，文笔或峭拔峻洁，或清邃奇丽，有的是"纷红骇绿"（《袁家渴记》），有的是"萦青缭白"（《始得西山宴游记》）。写丘石之状，或如"牛马之饮于溪"，或如"熊罴之登于山"（《钴鉧潭西小丘记》）；绘溪水之形，或则"舟行若穷，忽又无际"（《袁家渴记》），或则鱼"皆空游无所依，日光下澈，影布石上"（《至小丘西小石潭记》），都能用精巧的语言艺术地再现自然之美。后人写游记者，往往奉为楷模。

骚赋也是柳文中具有特色的部分。屈原的骚体，在东汉以后，徒具形式，精神全失。柳宗元在政治斗争中失败，长期贬谪，悲愤激情，有与屈原相通之处。《惩咎赋》《闵生赋》《梦归赋》《囚山赋》《吊屈原文》《骂尸虫文》《宥蝮蛇文》《憎王孙文》等篇，都是用《离骚》《九章》的体式，或直接抒情，或借古自伤，或寓言寄讽，幽思苦语，确如严羽所说："唐人惟柳子厚深得骚学，退之、李观皆所不及。"（《沧浪诗话·诗评》）《天对》

和《晋问》两巨篇，形式仿照《天问》《七发》，为另一种类型。前一篇不少地方用唯物观点回答了《天问》所提出的问题，涉及宇宙和人事各方面。后一篇用问答的形式，夸张晋地山河的险固、兵甲的坚利、物产的丰盛，归结到唐尧政治清明的主旨。两篇造语奇特，但也有奥僻难解之处。

诗歌的数量较少，只存140多首，都是贬谪以后所作。前人评论柳诗，大多以为是继承陶渊明传统，与王维、孟浩然、韦应物并称"王、孟、韦、柳"。这主要是指其五古《首春逢耕者》《溪居》《饮酒》《读书》《感遇》《咏史》《咏三良》《咏荆轲》等篇，思想内容与陶诗相近，语言也较为朴素，如杨万里所说："五言古诗句雅淡而味深长者，陶渊明、柳子厚也。"（《诚斋诗话》）但他还有另外一些五古如《初秋夜坐赠吴武陵》《晨诣超师院读禅经》《界围岩水帘》《湘口馆潇湘二水所会》《登蒲州石矶望横江口潭岛深迥斜对香零山》《南涧中题》《与崔策登西山》等，却是学谢灵运的，造语精妙，间杂玄理，连制题也学谢灵运，因此元好问又以为"柳子厚晋之谢灵运"（《论诗三十首》之四自注）。但谢、柳二人生活遭遇不同，思想个性不同，柳诗于清丽之中蕴藏幽怨，同中也就有异。除了继承陶、谢二家传统之外，柳诗还有以慷慨悲健风格擅场的，五古如《哭吕衡州》《哭连州凌员外司马》伤悼永贞政变时的同道者、同贬者，《韦道安》歌颂侠义行为；七古如《行路难》《古东门行》《笼鹰词》《寄韦珩》，或咏叹志士仁人，或揭露豪强罪恶，或声讨藩镇叛乱，或描写艰险生活，现实性都较强。《唐铙歌鼓吹曲》12篇，热烈歌颂唐王朝初期反对突厥、吐谷浑贵族军事集团侵扰的业绩，体现维护国家统一的爱国主义思想，形象瑰玮，语句奇警，气壮山河，声裂金石。律诗如《登柳州城楼寄漳汀封连四州》是唐人七律中的名篇，《得卢衡州书因以诗寄》《岭南江行》《柳州峒氓》

《别舍弟宗一》诸篇，通过对南方奇异风物习俗的描绘，抒写贬谪生活中的哀怨之情，在唐律中独具一境界。绝句如《江雪》《长沙驿前南楼感旧》《与浩初上人同看山寄京华亲故》《离觞不醉至驿却寄相送诸公》《柳州二月榕叶落尽偶题》《酬曹侍御过象县见寄》等篇，写景抒情，或幽峭奇辟，或韵致悠扬，在唐人绝句中不可多得。可见柳诗丰富多彩，不拘一格。

有关柳宗元及其作品的评价，旧时大多数人由于对王叔文集团缺乏正确认识，往往肯定其作品而贬抑其人。韩愈赞扬他的作品为"玉佩琼琚，大放厥词"（《祭柳子厚文》），但对他参加王叔文集团则认为是"不自贵重顾藉"（《柳子厚墓志铭》）。后来评论家从刘昫、宋祁、欧阳修、王安石、苏轼一直到清代的张伯行、林纾都持这种论调。首先为柳宗元昭雪的是范仲淹，不仅称其述作"礼意精密，涉道非浅"，亦称其人为"非常之士"；认为王叔文诸人谋国意忠，

《唐书》芜驳，因其成败而书之，无所裁正"（《述梦诗序》）。后来严有翼、李贽、王夫之、王鸣盛一直到近人章士钊也都为之辨正。对于柳文，评论家在肯定其成就的前提下，往往以韩、柳对比，有的认为柳不如韩，有的认为韩不如柳。如宋祁谓"柳州为文，或取前人陈语用之，不及韩吏部卓然不丐于古，而一出于己"（《笔记》）。方苞在《书柳文后》《答程夔州书》《古文约选序例》等文中，极端扬韩抑柳。晏殊、严羽、焦循、刘熙载、陈衍则扬柳抑韩。焦循誉柳为"唐、宋以来，一人而已"（阮元《通儒扬州焦循传》）。陈衍认为"柳之不易及者有数端：出笔遣词，无丝毫俗气，一也；结构成自己面目，二也；天资高，识见颇不犹人，三也；根据具，言人所不敢言，四也；记诵优，用字不从抄撮涂抹来，五也。此五者颇为昌黎所短"（《石遗室论文》）。章士钊《柳文指要》则极端扬柳抑韩。但诸家论柳文，除章士钊外，不论是扬是

抑，偏重论文章形式的居多。偶有涉及文中思想的，如刘禹锡、王伯思肯定无神论，苏轼、何焯等则相反。对于柳诗，评论家也有不同看法。苏轼称其"外枯而中膏，似淡而实美"（《东坡题跋·评韩柳诗》），"发纤秾于简古，寄至味于澹泊"（《书黄子思诗集后》），是就柳诗近于陶、韦风格的一部分而予以肯定的。有的则过分推崇为"妙绝古今"（《王直方诗话》），"清词丽句，不可悉数，名与日月争光"（胡仔《苕溪渔隐丛话后集》），"诗之圣也"（袁宏道《与李龙湖》）。而持扬柳抑韩论的，又谓其"古律诗精妙，韩不及也。当举世为元和体，韩犹未免谐俗，而子厚独能为一家之言，岂非豪杰之士"（刘克庄《后村诗话》）。相反，持扬韩抑柳论的，则或谓其"边幅太狭，不及韩之瑰伟"（许印芳《诗法萃编》），或谓其"近体卑凡，尤不足道"（王世贞《艺苑卮言》）。

**本集和版本** 柳宗元的集子，为刘禹锡所编，题《河东先生集》，

宋初穆修始为刊行。《四库全书》所收宋韩醇《诂训柳先生文集》45卷、外集2卷、新编外集1卷，为现存柳集最早的本子。宋童宗说音注、张敦颐音辨、潘纬音义的《增广注释音辨唐柳先生集》43卷、别集2卷、外集2卷、附录1卷，有《四部丛刊》影元刊本，为现行影印本之最早者。宋童宗说注《新刊增广百家详补注唐柳先生文集》45卷，宋建州刻本，现藏北京图书馆（今中国国家图书馆）。宋魏怀忠编注《五百家注音辨柳先生文集》21卷、外集2卷、新编外集1卷、《龙城录》2卷、附录8卷，有《四库全书珍本初集》影印文渊阁本。宋廖莹中编注《河东先生集》45卷、外集2卷、补遗、附录等，为宋人注本中最后的一种，有蟫隐庐影印宋刻世綵堂本，中华书局上海编辑所曾据以排印，上海人民出版社有重印本。明蒋之翘辑注《柳河东集》45卷、外集5卷、遗文、附录等，虽采辑旧注，中多蒋氏自注的部分；有明三径藏书刻本、《四部备要》排印本。

柳宗元生平事迹，参见韩愈《柳子厚墓志铭》，新、旧《唐书》本传，文安礼《柳先生年谱》（载五百家注柳集卷首，别有《粤雅堂丛书》本）。今人著作，施子瑜《柳宗元年谱》（载《武汉大学学报》1957年第1期，有湖北人民出版社本），山西师范学院中文系《柳宗元年谱初稿》（载《山西师院》1974年第3期）等，可供参考。关于柳宗元的研究论著，章士钊《柳文指要》，取材详博，为论柳著作的巨帙，但其中多扬柳抑韩之论。

# 柳开

中国北宋散文家。字仲涂，自号东郊野夫，又号补亡先生。大名（今属河北）人。开宝六年（973）进士，授宋州司寇，九年迁录事参军。太宗讨伐后晋，擢为赞善大夫，知常州，移知润州，拜监察御史。太平兴国九年（984），知贝州，加殿中侍御史。雍熙二年（985）贬上蔡令。后复原职，又知全州、桂州等地，徙沧州道病死。年五十四。

柳开是宋代古文运动的先驱。宋初文章继五代之习，崇尚偶俪，自柳开始为古文，反对五代颓靡的文风，自称"师孔子而友孟轲，齐扬雄而肩韩愈"（《上符兴州书》）。认为"古文者，非在辞涩言苦，使人难读诵之；在于古其理，高其意，随言短长，应变作制，同古人之行事，是谓古文也"；自称"吾之道，孔子、孟轲、扬雄、韩愈之道；吾之文，孔子、孟轲、扬雄、韩愈之文也"（《应责》）。他称赏扬雄"能言圣人之辞，能明圣人之道"（《汉史扬雄传论》）。其理论开后来欧阳修诗文革新运动的先声，对改变宋初文风功不可没。然开能言而不能行，其文除《上窦僖察判书》写得比较平易富有文采外，大都不免"辞涩言苦"之弊，令人难以卒读，因此影响不大。柳开不善词赋，诗作甚少，其文集仅存诗5首，有一些诗简古精要，如《塞上曲》诗"碧眼胡儿三百骑，尽提金勒向云看"之句，描绘塞上风光，甚为时人所称，谓"可画于屏障"（张师正《倦游杂录》）。

著有文集15卷（《宋史·艺文志》），明刊本并附录增为16卷，现通行版本有明吴氏丛书堂抄本、清乾隆柳渥川刊本、《四库全书》本、《四部丛刊》影印本等。

# 王禹偁

中国宋初文学家。字元之，济州巨野（今山东巨野）人。世为农家子，9岁能文。太宗太平兴国八年（983）进士，授成武县（今属山东）主簿。徙知长洲（今江苏苏州）县，改大理评事。端拱初（988）召试，擢右拾遗，直史馆。献《端拱箴》，又献《御戎十策》，太宗大加称赏。拜左司谏、知制诰，判大理寺。淳化二年（991）以庐州妖尼道安诉讼徐铉案受牵连，坐贬商州团练副使，移解州。四年，召拜左正言，直昭文馆，出知单州。召为礼部员外郎，再知制诰。至道元年（995），为翰林学士，知审官院兼通进银台封驳司。以上疏言孝章皇后礼仪事，坐谤讪罢职，出知滁州，移扬州。真宗即位后，召还，复知制诰。咸平初（998）预修《太祖实录》。时宰相张齐贤、李沆不协，以禹偁议论轻重其间，落知制诰，出知黄州。作《三黜赋》以见志，有"屈于身兮而不屈其道，虽百谪而何亏"之语。四年，徙蕲州，病卒。

王禹偁遇事敢言，喜臧否人物，以直躬行道为己任，为文著书多涉规讽，故不为流俗所容。真宗即位，应诏上疏言五事，系统提出其革新政治的主张：谨边防、减冗兵冗吏、淘汰僧尼、亲大臣而远小人等。后范仲淹推行的庆历新政，其主要内容并未超出这一范围，故王禹偁堪称北宋力主政治革新之先驱。

他又为北宋诗文革新运动之先驱，以变革文风为己任，所著诗文变唐末五代雕绘纤弱之习，亦不为柳开等宋初作家之奇僻艰涩，自谓"文以传道明心"，文辞当"易道易晓"，故为文章"远师六经，近师吏部（韩愈）"，"简易醇真，得古作者之体"（沈虞卿《小畜集跋》）。其骈俪文用典精切，辞藻宏丽，为一时大手笔。其文章主要以记事散文见长，多传世名篇，如《录海人书》《唐河店妪传》《四皓庙碑》《答郑褒书》《答张扶书》等均为其散文代表作。《黄州新建小竹楼记》，王安石以为胜于欧阳修《醉翁亭记》；楼昉亦谓《待漏院记》虽未能全免五代俳俪习气，然而"词严气正，可以想见其人，亦自得体"；《寿城碑》则"胸襟宇量，直与岳阳洞庭同其广大"（《崇古文诀》卷十六）。

其五言诗学杜甫、七言学白居易。《示子》诗云："本与乐天为后进，敢期子美是前身。"足见其诗歌创作宗旨。其诗有感慨国事、心系百姓疾苦者，如《庆州败》《感流亡》；有表现农民辛劳者，如《畲田词》，均类似白居易之讽喻诗。也有一些平和晓畅、简雅古淡、流连风景的诗篇，颇类白的闲适诗。另外，《锡宴清明日》《清明》《春日杂兴》《送孙何入史馆》《过鸿沟》诸诗，均为脍炙人口之作。词作仅有〔点绛唇〕词一首，有

"小村渔市，一缕孤烟细"之句，刻画景物亦清丽可爱（《词苑萃编》卷四引《词苑》）。喜奖掖后学，后进有词艺者，为之延誉称扬，当时名士多出其门下，俨然为一代文学宗师。

他一生撰著甚富，自编《小畜集》30卷，今有《四部丛刊》本。其曾孙王汾所辑《小畜外集》，有清光绪年间孙星华刻本。今人徐规所著《王禹偁事迹著作编年》，收集佚诗佚文多篇。另有《后集诗》3卷、《奏议集》3卷、《承明集》10卷，已佚。

# 范仲淹

北宋政治家、军事家、文学家。字希文。苏州吴县（今属江苏）人。真宗大中祥符八年（1015）登进士第。仁宗庆历元年（1041）以龙图

阁直学士的身份，与韩琦并为陕西经略安抚副使，采取"屯田久守"方针，使西夏不敢进犯。庆历三年七月，授参知政事，提出十项政治改革方案。但为守旧派阻挠，未能实行，于是请求外任。历知邠州、邓州、杭州、青州，都有善政。死于青州，谥文正，世称范文正公。

范仲淹主张文章"应于风化"，认为"虞夏之书，足以明帝王之道"；而"南朝之文足以知衰靡之化"（《奏上时务疏》），他称赞尹洙"力为古文"，但对杨亿等人之为"时文"，却也未严加指责（《尹师鲁河南集序》）。他自己所作政论杂文，趋向古文；但所为章、表、启、奏，仍杂骈俪。著名的《岳阳楼记》，抒写自己"先天下之忧而忧，后天下之乐而乐"的理想和抱负，文中多用四言，杂以排偶，铺叙藻饰，写景壮丽，为历代传诵。他也擅长词赋，其中〔渔家傲〕一首，境界壮阔，风格苍凉，突破了唐末五代词的绮靡风气。

著有《范文正公文集》，通行有《四部丛刊》影明本，附《年谱》及《言行拾遗事录》等。

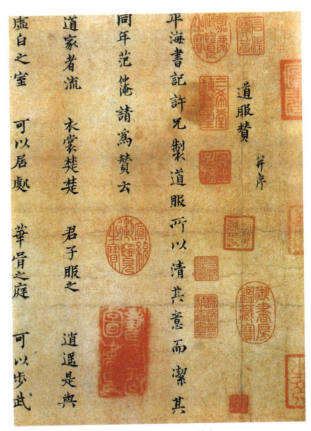

范仲淹手书《道服赞》

# 欧阳修

中国北宋政治家、文学家。唐宋古文八大家之一。字永叔，号醉翁，晚号六一居士。吉州永丰（今属江西）人，生于绵州（今四川绵阳）。

**生平** 幼年丧父，叔父欧阳晔任随州推官，母郑氏带欧阳修投靠叔父。天圣六年（1028），修携文谒翰林学士胥偃于汉阳，被留置门下。以后胥偃又将女儿许配修。八年中进士甲科。次年任西京留守推官，与同僚尹洙、梅尧臣等游，切磋古文歌诗，以文章名天下。景祐初（1034），召试学士院，迁馆阁校勘。三年，范仲淹上章批评时政被贬，修为他辩护，被贬为峡州夷陵县令。康定元年（1040）召还，复馆阁校勘，与修《崇文总目》。庆历三年（1043），范仲淹等推行

庆历新政，欧阳修积极参与革新。新政失败后，修被贬为滁州太守。先后徙知扬州、颍州、应天府。第二次贬官，特别是庆历新政的失败，给欧阳修以很大刺激，使他认识到改革之不易。他在滁州琅琊山建醉翁亭，自号醉翁。

至和元年（1054），48岁的欧阳修奉诏入京，修《新唐书》。嘉祐二年（1057）欧阳修主持礼部考试，取苏轼兄弟、曾巩等人，采用行政手段打击不良文风，支持诗文革新。五年，《新唐书》成，拜礼部侍郎，兼翰林侍读学士，为枢密副使。六年，擢参知政事。

神宗即位后，61岁的欧阳修出知亳州，改青州、蔡州。在青州因拒绝执行王安石推行的青苗法，受朝廷诘责，于是连章告老，于熙宁四年（1071）"退休于颍水之上"，"更号六一居士"，决心以藏书一万卷、金石遗文一千卷、琴一张、棋一局、酒一壶，伴他这一位老翁，以摆脱"轩裳珪组""忧患思虑"之累（《六一居士传》）。次年卒于

颍州，享年66岁。赠太子太师，谥文忠。

**文学创作**　欧阳修是北宋诗文革新运动的领袖。唐末五代文学，骈俪之风盛，宋初以杨亿为代表的西昆体又风靡一时。在欧阳修之前，柳开、王禹偁等古文家都奋起反对五代文弊，而成效不著。至欧阳修出，继承韩愈以来的古文传统，大力提倡古文，遂使古文蔚然兴盛。欧阳修为北宋诗文革新提供了系统的理论。在写作目的上，他反对为文而文，反对"弃百事不关于心，曰：吾文士也，职于文而已"（《答吴充秀才书》）。强调诗文要"不为空言"（《与黄校书论文书》），要发扬《诗经》的美刺传统："善者美之，恶者刺之"（《诗本义·本末论》）。在文与道的关系上，他强调："道胜者，文不难而自至"（《答吴充秀才书》），"道纯则充于中者实，中充实则发为文者辉光"（《答祖择之书》）。但他也重视文："君子之于学也，言以载事，而文以饰言，事信言文，乃能表见于后世。"（《代人上王枢密求先集序》）他还提出了对文的具体要求，一要"简而有法"（《尹师鲁墓志铭》），二要平易自然。他反对模拟，强调创新，强调诗文风格的多样性。苏舜钦、梅尧臣诗风迥异，他对两人都十分推崇。他反对西昆体，但同时认为"偶俪之文，苟合于理，未必为非"（《论尹师鲁墓志》）。他提倡诗文革新，但对诗

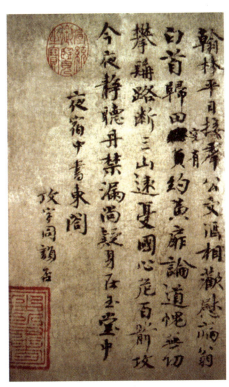

欧阳修自书诗文稿

文革新内部的不良倾向，"号称古文"而求深务奇的狂词怪论也毫不手软。正因为他既同西昆体，又同诗文革新内部的不良倾向做斗争，才保证了诗文革新的健康发展。

欧阳修的文学创作成就卓著，诗词文皆佳，他以大量堪称典范的作品，扭转了当时文坛的风气。苏轼对他推崇备至："欧阳子论大道似韩愈，论事似陆贽，记事似司马迁，诗赋似李白。"（《六一居士集叙》）他的文学创作成就首推古文，对后世影响最为深远。他一生写了500余篇散文，各体兼备，有政论文、史论文、记事文、抒情文和笔记文等。欧阳修及其门人之所以能使北宋诗文革新取得完全胜利，并对后世产生巨大影响，就在于他们创作了大量完美的足以传世的作品。辞赋如《秋声赋》运用各种比喻，把无形的秋声描绘得生动形象，行文曲折跌宕，气象悲壮，成为传颂千古的名篇。政论如《朋党论》阐明"君子与君子以同道为朋，小人与小人以同利为朋"，列举历代兴亡事例，论证必须"退小人之伪朋，用君子之真朋"，结构谨严，行文平实，与早年所作《与高司谏书》风格迥异。史论如《五代史伶官传序》，通过"庄宗之所以得天下与其所以失之者"，阐明"忧劳可以兴国，逸豫可以亡身"，"祸患常积于忽微，而智勇多困于所溺"的历史教训，融议论、叙事、抒情为一体，节奏抑扬顿挫，语言婉转晓畅，有一唱三叹之美。他的杂记文尤多脍炙人口之篇。他贬官滁州所作的《醉翁亭记》，表面看似陶情山水，轻松愉悦，实际抒发了贬官的抑郁之情，全文连用21个"也"字，而其中的"醉翁之意不在酒，在乎山水之间也"，更成了家喻户晓的名句。其他如《丰乐亭记》的"忧深而思远"、《岘山亭记》的"神韵缥缈"、《仁宗御飞白记》的"浑雄冲淡"，都为历代治古文者所效法。欧阳修的一些怀念友朋的抒情散文，如《祭资政范公文》《祭尹师鲁文》《祭石曼卿文》《祭苏子美文》《祭梅圣俞文》等，几乎字字句句都从肺腑流出，真挚感人。他的散文大都内容充实，气势旺盛，具有平易自然、流畅婉转的艺术风格。叙事既得委婉之妙，又简括有法；议论纡徐有致，富有内在的逻辑力量。章法结构既能曲折变化而又十分严密。

其诗歌成就略逊于散文，但也有转变一代诗风之功。他写有不少表现社会现实，反映民生疾苦的诗篇，如《答杨子静祈雨长句》《食糟民》《送朱职方提举运盐》等篇。欧阳修非常重视个人经历对诗歌创作的制约，对韩愈"欢愉之辞难工，而穷苦之辞易好"做了进一步发挥，明确提出"诗穷而后工"（《梅圣俞诗集序》），认为遭时得志之士，"常视文章为末事，而又有不暇与不能者"；至于失志之人，穷居隐约，苦心竭虑，其所感激发愤，皆一寓于文辞，故"穷者之言易工也"（《薛简肃公文集序》）。欧阳修诗歌在艺术风格上主要受韩愈影响，刘攽称"欧贵韩（愈）而不悦子美"（《中山诗话》）。其《菱溪大石》《石篆》《紫石屏歌》等诗，都具有韩诗想象奇异的特征。而韩愈"以文为诗"的特点，发展成欧阳修诗的议论化、散文化的倾向。欧阳修的诗歌还呈现出多样化的风格。所作《庐山高》诗气象雄奇，尝自诩"今人莫能为，惟李太白能之"（《苕溪渔隐丛话》前集卷二十九引《石林诗话》）。一些写景抒情诗作，如《自菩提步月归广化寺》《黄溪夜泊》《春日西湖寄谢法曹》等篇，则清新秀美，淡雅有味。欧阳修还撰写了《六一诗话》，这是中国文学史上的第一部诗话，以随笔的形式评论诗歌，开创了中国古代诗论的一种新形式。

欧阳修擅长作词，其词基本上沿袭《花间集》的风格，内容不外是恋情相思、酣饮醉歌、惜春赏花之类。他有一部分艳情词，描写恋情相思，写得回肠荡气，缠绵悱恻。如〔蝶恋花〕"庭院深深深几许"、〔诉衷情〕"清晨帘幕卷轻霜"、〔玉楼春〕"樽前拟把归期说"诸词。另有一部分词描写自然风光和乡村景物，如咏十二月景物的〔渔家傲〕词12首、咏颍州西湖景物的〔采桑子〕10首，深受民歌影响，语言清新恬静，极富情韵，已与《花间集》的浓艳词风迥异。〔踏莎行〕"候馆梅残"中"离愁渐远渐无穷，迢迢不断如春水"，"平芜尽处是春山，行人更在春山外"等句，着力渲染春光的旖旎，抒写别情的深挚，历来为人们所称颂。

欧阳修在经学、史学、金石学等方面都有成就。在经学方面，他研究《诗》《易》《春秋》，能不拘守前人之说，提出自己的创见。史学造诣更深于经学，除了参加修撰《新唐书》250卷外，又自著《新五代史》，总结五代的历史经验，意在引为鉴戒。他勤于收集、整理周代至隋唐的金石器物、铭文碑刻，编辑成一部金石学资料专集《集古录》。

欧阳修在中国文学史上有重要的地位。他大力倡导诗文革新运动，改革了唐末到宋初的形式主义文风和诗风，取得了显著成绩。由于他在政治上的地位和散文创作上的巨大成就，使他在宋代的地位有似于唐代的韩愈，"天下翕然师尊之"（苏轼《六一居士集叙》）。他荐拔和指导了王安石、曾巩、苏洵、苏轼、苏辙等散文家，对他们的散文创作发生过很大的影响。其中，苏轼最出色地继承和发展了他所开创的一代文风。其平易的散文风格，影响到北宋以及南渡后很多文人学者，一直影响到元、明、清各代。

**作品集和版本** 欧阳修著述甚丰，尝奉诏撰《新唐书》纪10卷、志50卷、表15卷；自著《五代史》74卷、《易童子问》3卷、《诗本义》14卷、《居士集》50卷、《归荣集》1卷、《外制集》3卷、《内制集》8卷、《奏议》11卷、《四六集》7卷、《集古录跋尾》10卷、《杂著》19卷（韩琦《欧阳公墓志铭》）。至南宋初年，即有合刻《六一居士全集》150卷、《六一居士别集》20卷（《通志·艺文略》八）。绍熙年间，周必大聘请曾三异等编次校勘，编为《欧阳文忠公集》153卷、附录5卷，成为定本（周必大《欧阳文忠公集跋》）。今存宋刊本（残卷）、明天顺六年刊本、明正德七年刊本、明朝鲜国刊本、清嘉庆二十四年刊本、《四部丛刊》影元刊本等。词集有南宋罗泌编《六一词》3卷（《六一词跋》），今存宋刊本（缪荃孙跋）、毛晋汲古阁刊本、明抄本、《四库全书》本。

# 苏 洵

中国北宋散文家。与其子苏轼、苏辙合称"三苏"，洵被称为老苏，三苏均被列入唐宋八大家。字明允。眉州眉山（今属四川）人。他少不喜学，而喜游历名山大川，27岁始发愤读书。至皇祐末至和初，著《几策》《权书》《衡论》数十篇，系统提出涉及政治、经济、军事等各个领域的革新主张。仁宗嘉祐元年（1056）送二子入京应试，以文章谒欧阳修。欧阳修上其书于朝，公卿士大夫争传之，父子三人名动京师，苏氏文章遂擅天下。朝廷诏试策论，辞不赴命。五年，被任为试秘书省校书郎，除霸州文安县主簿，同修《太常因革礼》。治平三年（1066）卒，追赠光禄寺丞。

苏洵论文与欧阳修倡导的古文革新主张相吻合。他认为作文的目的为"言当世之要"，"言必中当世之过"，如五谷可以充饥，药石可以治病（见苏轼《凫绎先生文集叙》引苏洵语），主张文章应有为而作。他反对时文，指责那些好奇务深，虚浮不实，浅狭可笑的文章，提倡一种自然流畅的文章风格，认为作文应如风水相遇，自然成文，这才是"天下之至文"（《仲兄字之甫说》）。他品评古今文章，往往着重分析各家的艺术风格，很少有宋人论文的道学气。在其《上田枢密书》与《上欧阳内翰第一

书》中，历评先秦至本朝诸家文章，大都准确精当，尤其是对欧阳修文风的评价，几乎成为千古定评。

苏洵的文学创作成就主要是散文。其文章大部分都是议论文，往往直接针对北宋社会的现实而作。他的政治革新主张集中体现在《几策》《衡论》以及《上皇帝书》中。认为要治理好国家，首先应当"定所尚"，为了"定所尚"，就必须"审势"。他认为北宋王朝的现实是吏治腐败，军纪涣散，府库空虚，对外忍辱偷安，因而主张"尚威"，破除苟且怠惰之气，激发天下进取之心。在这种改革精神的指导下，他对吏制、法制和经济都提出了很多具体的革新措施。由于北宋面对契丹、西夏两大强敌的侵扰，外患乃是北宋王朝的心腹之疾，于是他投注大量精力研究古今兵法和战争，《权书》以及《几策·审敌》、《衡论》中的《兵制》《御将》等，都是研究军事问题的专著。在他的一些史论中，也往往借古讽今，如《六国论》讥刺宋王朝贿赂求

和、力削日蹙而作。从语言艺术上看，苏洵的散文以气势胜，具有荀子和战国纵横家的雄辩之风，观点明确，论据有力，析理深透，语言犀利，酣畅恣肆，波澜起伏，结构谨严，妙喻连篇，旁征博引，呈现出雄奇高古的风格。苏洵的散文在当时就颇具影响，对改变当时不良文风起了巨大的促进作用。自宋以后，明清各代作家均对其散文给予很高评价，把它作为学习的范本。

苏洵诗作不多，但诸体皆备，尤以五、七言古诗见长。叶梦得《避暑录话》称其诗"精深有味，语不徒发，正类其文"。其《九日和魏公》诗有"佳节屡从愁里过，壮心时傍醉中来"句，时人称为"老健"；五古《欧阳永叔白兔》诗，结构谨严，形象生动，意味隽永；七古《赠陈景回》诗，波澜起伏，活泼跌宕而又情致委婉，在宋诗中亦堪称较好的篇章。

苏洵的著述在宋代即多次刊刻流传。据张方平称有文集20卷、《谥法》3卷、《易传》10卷（《文

安先生墓表》)。现存《嘉祐集》(又称《苏老泉先生集》),卷帙颇有差异:宋刊巾箱本,为14卷;明嘉靖间太原府刻本、弘治刻本,为15卷;明凌濛初朱墨本,为13卷;明刊本、日本文政十三年刊本,为16卷;清康熙三十七年(1698)邵仁泓辑刊本,为20卷。今人整理本有曾枣庄等《嘉祐集笺注》(上海古籍出版社1993年版)。

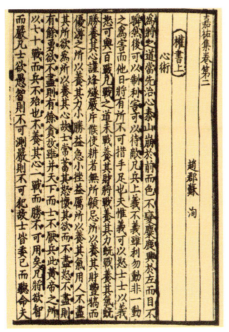

《嘉祐集》(宋刻本)

# 苏 轼

中国北宋文学家、书画家。唐宋八大家之一。字子瞻,一字和仲,号东坡居士,苏洵子、苏辙兄。眉州眉山(今属四川)人。卒于常州。

**生平与思想** 苏轼出生在一个三世皆不显赫的家庭。仁宗嘉祐二年(1057),与弟苏辙同科进士及第。六年,应制科试,入三等,除大理评事、签书凤翔府判官。治平二年(1065)正月还朝,判登闻鼓院,二月召试秘阁,直史馆。三年四月,苏洵卒,返蜀居丧。熙宁二年(1069)还朝,任殿中丞、直史馆、判官告院。四年,因与王安石政见不合,出通判杭州,继知密、徐、湖三州。元丰二年(1079)七月以其诗文谤讪新政的罪名被捕入狱,这就是有名的乌台诗案,数月

后获释，责授黄州团练副使。七年，诏移汝州团练副使。元丰八年，神宗去世后，起知登州。到官五日，被召还朝。元祐中，由起居舍人迁中书舍人、翰林学士知制诰、兵部尚书、礼部尚书。因遭新旧两党夹击，其间曾出知杭州、颍州、扬州、定州。绍圣元年（1094），坐讥刺神宗责贬惠州、儋州。徽宗即位，遇赦北归，于建中靖国元年（1101）卒于常州。事迹见苏辙《东坡先生墓志铭》（《栾城后集》卷二二）、《宋史》卷三三八本传等。宋王宗稷、施宿分别编有《东坡先生年谱》，清查慎行编有《东坡先生年表》，王文诰有《苏文忠公诗编注集成总案》，今人孔凡礼有《苏轼年谱》。

他深受佛老思想影响，但其思想主流仍然是儒家思想，毕生具有儒家辅君治国、经世致用的政治理想。他的哲学思想集中体现在《苏氏易传》一书中，其书"多切人事"（《四库全书总目提要》）。他既反对守旧派的因循守旧，又反对王安石的激进变法，提出他自认为符合中庸之道的革新主张。他既具有超旷达观的襟怀，超然物外，无往而不乐；又用老庄"万物齐一"和佛教"万物皆幻"的思想安慰麻醉自己，以忘记和解脱现实的痛苦。在文学上，他好以禅说诗，认为诗法与佛法相通；其作品笔力纵横，富有庄子的浪漫主义精神，有些作品也含有虚无消极的色彩。

**文学艺术成就**　苏轼具有多方面的文学艺术才能，在诗、词、散文等各个领域都富有创造性，取得了独到的成就。

**文艺理论**　苏轼没有系统的文艺理论专著，但他的许多诗文、笔记、书信、序跋包含着丰富深刻的文艺思想，构成了完整的文艺思想体系。他主张文章应"有意而言"（《策论·总叙》），诗文当"有为而作"，"言必中当世之过"，如五谷可以疗饥，药石可以治病（《凫绎先生文集叙》引苏洵语）。他反对为文造情、无病呻吟，主张"诗从肺腑出，出辄愁肺腑"（《读孟郊诗二首·其二》），提倡"不能自已而作"（《南行前集叙》）。他不满足于形似，推崇在形似基础上的神似。他十分重视文艺自身的特点和规律，对创作过程有完整的论述，提出了"胸有成竹""得心应手""营度经岁""须臾而成"等理论（《书蒲永昇画后》《文与可画筼筜谷偃竹记》）。他反对艰涩雕琢的文风，提倡平易自然，辞理精确，"常行于所当行，常止于所不可不止，文理自然，姿态横生"（《答谢民师书》）。苏轼的自成体系、充满生气的文艺思想，为北宋乃至整个宋代的文艺理论增添了光辉。

诗　苏轼诗存2700余首。苏辙曾对苏诗作过最简略精当的概括："公诗本似李、杜，晚喜陶渊明，追和之者几遍。"（《东坡先生墓志铭》）苏诗具有杜甫诗的现实主义精神，写有不少"悲歌为黎元"（《正月十八日蔡州道上遇雪次子由韵》）的诗篇，洋溢着强烈的爱国主义热情。其诗境界开阔，或写景记游，或谈玄说理，或应酬游戏，或论诗题画，或品评书法，或记梦赋物，或忆人咏史，或拟古追和，几乎无所不包，应有尽有。苏诗以明快直露为特征，接近于李白的浪漫主义风格，气势磅礴，感情奔放，想象丰富，奇趣横生，在他的笔下，海棠知睡，牡丹害羞，龟鱼识声，风解人意。今人钱钟书把苏轼看作唯一能与李白相提并论的浪漫主义诗人。苏诗受韩愈影响，喜以文为诗，以议论为诗，笔力雄健，纵横驰骋，议论英发，见解独到，耐人寻味。苏轼博学，长于用典使事，博观约取，信手拈来，自然贴切，不露痕迹。苏诗尤长于比喻，新颖诙谐，出奇制胜，达到炉火纯青的境界，其《石鼓歌》《百步洪》《读孟郊诗二首》，都以博喻见长。苏诗各体兼备，尤长于古体和七言歌行。苏轼主张"少小时须令气象峥嵘，彩色绚烂，渐老渐熟，乃造平淡。其实不是平淡，绚烂之极也"（《与二郎侄书》）。苏诗的创作道路，恰好经历了一个由"峥嵘"到"平淡"的发展过程。

他晚年的和陶诗，具有陶诗质而实绮、癯而实腴、意度高远、气韵清新、语言净洁的特点，表面散缓不收，反复咀嚼，则有弦外之音、言外之意。

词　苏轼词今存约360首，他是豪放派的代表人物，黄州所作〔念奴娇〕《赤壁怀古》，怀古伤今，苍凉悲壮，慷慨激昂，是豪放词的千古名篇。他还发展了婉约词，扩大了婉约词的题材，提高了婉约词的格调，以清旷明净、造意深远为特色，与传统婉约派词的浓艳细腻异趣。他成功地创作了一些咏物词，如咏孤鸿的〔卜算子〕、咏杨花的〔水龙吟〕、咏石榴的〔贺新郎〕，语意高妙，含蓄蕴藉，情致缠绵，意味深长。他的多数言情词往往用淳朴无华的语言，抒写真挚热烈的爱情，如《江城子·记梦》、〔蝶恋花〕"花褪残红青杏小"、〔洞仙歌〕"冰肌玉骨"等。他的〔浣溪沙〕五首，描写农村生产和生活，刻画黄童、白叟、采桑姑、缲丝娘、卖瓜人等农村人物形象，是

词史上最早描写农村题材的作品。正如刘熙载所云："东坡词颇似老杜诗，以其无意不可入，无事不可言。"（《艺概·词曲概》）苏词冲破了所谓"诗庄词媚""诗述志、词言情"的藩篱，使词摆脱了附属于音乐的地位，把词发展成为独立的抒情诗。他精通词律，但又敢于不受词律约束，正如陆游所说："公非不能歌，但豪放，不喜剪裁以就声律耳。"（《老学庵笔记》卷五）

文　苏文今存4000余篇，代表了北宋古文运动的最高成就，标志着从西魏发端，历经唐、宋的古文运动的胜利。他的文章往往信笔书意，自然圆畅，挥洒自如，有意而言，意尽言止，毫无斧凿之痕；思路开阔，文如泉涌，千变万化，姿态横生；气势磅礴，雄健奔放，纵横恣肆，一泻千里；状景摹物，无不毕肖，观察缜密，文笔细腻。他兼擅众体，现存赋20余篇，其《赤壁赋》《后赤壁赋》以散代骈，句式参差，用典较少，与欧阳修《秋声赋》同为文赋的代表

作。他的议论文富有文采，说理透辟，气势雄浑，洋洋洒洒，翻新出奇，雄辩无碍，"有孟轲之风"和纵横家之气。他"身行万里半天下"，写有大量游记，在苏文中最有文学价值，每寓旷观达识、至理深情，描写、记叙、议论、抒情错综并用，尤以好发议论为特色，如《超然台记》《凌虚台记》《思堂记》《石钟山记》等。他所作碑传文甚少，但《方山子传》《潮州韩文公庙碑》却是碑传文的杰作。小品文是苏文中最具情韵的部分，包括书简、序跋、随笔、杂记等，或抒人生感慨，或叙身边琐事，或谈艺术见解，或记遗闻轶事，或述风土人情，不矜持，不造作，幽默风趣，看似毫不经意，而艺术造诣极高，最能体现苏轼狂放不羁的性格。

书画及学术著作 苏轼是一个具有多方面才能的艺术家。在宋代四大书法家"苏（轼）、黄（庭坚）、米（芾）、蔡（一说蔡襄，一说蔡京）"中，他名列第一。他大力提倡文人写意画，善画古木丛竹，与文同齐名，同为湖州画派代表。他的学术著作，以《苏氏易传》《书传》为代表。《易传》乃续苏洵未成之作，推阐理势，言简意赅。主旨近于王弼，而弼唯畅玄风，轼则多切人事。他以自己的义利观、人情说与当时正在形成的兴天理、灭人欲的理学相对立，在北宋理学之外别树一帜。

作品版本及注本 苏轼的文学成就在宋代以及后世都产生了巨大影响，无论在他生前还是死后，都

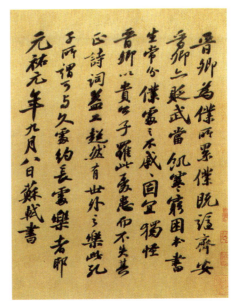

苏轼书题王诜诗跋页

有很多人为他编辑、刊刻过各式各样的集子，既有分类合编本《东坡大全集》，又有分集合刻本《东坡七集》（明成化本），包括《东坡集》《后集》《续集》《奏议集》《内制集》《外制集》《应诏集》。《东坡七集》十分流行，翻刻甚多。

从南宋起，为苏诗作注的人很多，分类注如旧题王十朋注《王状元集百家注分类东坡先生诗》，有黄善夫刊本、《四部丛刊》影元刊本；编年注如施元之、顾禧、施宿注的《施顾注苏诗》，有宋嘉泰刊本、景定补刊本（均已残）。清代注苏诗成风，如查慎行的《补注东坡编年诗》、翁方纲的《苏诗补注》、冯应榴的《苏文忠公诗合注》、王文诰的《苏文忠公诗编注集成》、沈钦韩的《苏诗查注补正》等。1982年中华书局出版的《苏轼诗集》就是以王文诰本为底本的。

现存最早的苏词注本为南宋傅幹的《注坡词》。20世纪相继出现了朱祖谋的《东坡乐府编年》、龙榆生的《东坡词编年笺注》。70年代以后笺注苏词成风，曹树铭、郑向恒、唐玲玲、薛瑞生等多家皆有苏词全集注，傅幹《注坡词》也有刘尚荣的整理本。

南宋郎晔的《经进东坡文集事略》是苏文的选注本，有《四部丛刊》影宋刊本。明茅维的《东坡先生全集》则第一次把苏文汇编在一起。1986年中华书局出版的《苏轼文集》即以茅本为底本，另辑得佚文400余篇。

# 苏 辙

中国北宋散文家。与其父苏洵、兄苏轼合称"三苏",均在唐宋八大家之列。字子由,一字同叔。眉州眉山(今属四川)人。自幼沉静好学,博览群书,抱负宏远,以治国安邦为己任。仁宗嘉祐二年(1057)与苏轼同科进士及第。同年四月因母丧返蜀。六年,兄弟二人同举制科,在御试制科策中极言朝政得失。治平二年(1065)出任大名府推官。还朝任职后,对新法多有批评。元丰二年(1079)苏轼以谤讪新政罪名入御史台狱,苏辙请求以自己的官职为兄赎罪,不许,牵连被贬监筠州盐酒税。七年,移绩溪令。哲宗即位,高太后听政,起用司马光为相,苏辙被召还朝任校书郎,未至都门擢为右司谏。元祐元年(1086)二月到任,九月拜起居郎,十一月擢为中书舍人。历任户部侍郎、翰林学士、吏部尚书、御史中丞、尚书右丞、大中大夫守门下侍郎。在朝期间,力主废弃新法,但又主张区别对待,慎重从事,在处置西夏、治理黄河等问题上,提出许多切实可行的主张。哲宗亲政,起用新党。绍圣元年(1094)三月,落职知汝州。六月,降三官,知袁州。九月,降授朝议大夫,分司南京,筠州居住。绍圣三年,再谪化州别驾,雷州安置。次年移居循州。元符三年(1100),遇赦北归,寓居许昌颍水之滨,自号颍滨遗老,杜门谢客12年,直至政和二年(1112)病逝。后追复端明殿学士,谥文定。

苏辙论文以复古为革新,反对穷妍极态、浮巧侈丽的时文,他参加进士试,即以语言质朴,不事雕琢,深得欧阳修赞赏。后来参加制科试,又进一步指责"士大夫为声病剽略之文,而治苟且记问之学"(《进策·民政上》)。他主张养气以为文，既重视孟子的"养吾浩然之气"，加强主观道德修养；更强调阅历对养气为文的决定作用，主张像司马迁那样游历天下，开阔心胸和眼界（《上枢密韩太尉书》）。

苏辙的文学成就主要在散文创作。他擅长议论文，有《进策》《进论》各25篇，《历代论》45篇为其代表作。它们或议史，或论政，或阐释儒道，或评说时事，以探讨治乱得失为主，较少权术机变之说，大多立意允当，结构平稳，逻辑严密，说理透彻，行文纡徐百折，语言朴实简古，有汪洋淡泊之态，一唱三叹之致，极富说服力和感染力。其记叙文较少，但也有出色之作。像《庐山栖贤寺新修僧堂记》，描写栖贤谷水石阴森、草木胶葛之状，使人如临其境；《东轩记》刻画自己郁郁不得志；《巢谷传》描写巢谷的义士气节，读之如见其人。尤其是《武昌九曲亭记》和《黄州快哉亭记》2篇，语言生动，描写准确，议论一波三折，抒情韵味浓郁，融情、景、理于一体，富于感染力。也擅长作赋，以《黄楼赋》和《墨竹赋》为代表，前篇学班固《两都赋》，铺陈排比，注重雕饰，与其冲雅淡泊的一贯文风迥然有异；后篇文辞优美，体物精工，意韵盎然。

苏辙诗亦类其文，不事驰骋，笔意老练，于平稳中时见浑凝，自然朴实，闲淡高雅。早年的诗反映现实较多，颇关心民间疾苦，如《夜泊牛口》描写蜀中百姓衣不蔽体、食不果腹的悲惨境况。但这类诗不多，较多的是一些抒发个人情怀的作品。他抒写仕途失意的诗篇以哀而不伤、怨而不怒、平和婉转为特色，如《次韵子瞻闻不赴商幕》《雨中宿酒务》，与苏轼诗之嬉笑怒骂颇为不同。他还有不少咏景、咏物、题画诗，大多寄托其人生感慨，亦以清新淡雅为特色。他晚年杜门闲居12年，写有不少闲适诗，其中一些诗也表现出对朝政的不满。

苏辙一生著述丰富。著有《诗集传》19卷、《春秋传》12卷、《论语拾遗》1卷、《孟子解》1卷、《古史》60卷、《老子解》4卷，均存于世。又，苏辙元符二年谪居循州时撰笔记《龙川略志》6卷、《龙川别志》4卷，有宋刊本、《稗海》本、明吴氏丛书堂钞本、中华书局1982年俞宗宪校点本。他于元祐六年编定《栾城集》50卷，崇宁五年编定《后集》24卷，政和初又编《栾城第三集》10卷，后合称为《栾城集》84卷。又著有《应诏集》12卷。文集现存宋眉州大字刊本（残卷）、邓邦述跋宋刻递修本（残卷）、明嘉靖二十年刻本、明清梦轩刻本。重要选注本有宋吕祖谦《东莱标注颍滨先生文集》22卷，现存元刊本。今人整理本有曾枣庄、马德富校点《栾城集》（上海古籍出版社1987年版），陈宏天、高秀芳点校《苏辙集》（中华书局1990年版）。

# 司马光

宋史学家、散文家。字君实。陕州夏县（今属山西省）人。家居涑水乡，人称涑水先生。晚年自号迂叟。卒谥文正，追封温国公，世称司马温公。仁宗宝元二年（1039）进士，嘉祐六年（1061）迁起居舍人同知谏院，宋神宗即位，诏为翰林学士，以不善骈文坚辞不就，乃任御史中丞。熙宁三年（1070），神宗和王安石开始变法，司马光因政见不合，自请判西京御史台。居洛阳15年，绝口不论政事，致力于编写《资治通鉴》。哲宗元祐元年（1086），起任尚书左仆射兼门下侍郎，主持"元祐更化"，尽废新法。当政八月而卒。

司马光散文的主要成就体现在《资治通鉴》上。《通鉴》上起周威烈王二十三年（公元前403），下终

后周世宗显德六年（959），按年记载了共1362年的历史事实，是中国历史上第一部编年通史著作。它体例谨严，结构完整，取材广泛，对史料取舍慎重，考证详密。其中像《赤壁之战》《淝水之战》都成为历史散文的名篇。司马光自称"颇慕古文"而"不能刻意致力"（《答陈充秘校书》），他的文章正因不甚刻意致力而能得自然之致。《资治通鉴》的文字质朴简洁，叙事清晰，文笔流畅，生动形象，有文学色彩，如赤壁之战、淝水之战及李愬雪夜入蔡州等战争场面的描写，历来为人们所推重。其他文章如《谏院题名记》等也写得精练明洁。另有《涑水纪闻》，写得简要、切实，《续诗话》亦有见解。

司马光的著述，除《资治通鉴》外，有《温国文正司马公文集》80卷，有《四部丛刊》影宋本。《涑水纪闻》16卷，有《丛书集成》本。《续诗话》1卷，有《历代诗话》本。

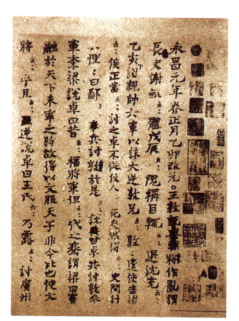

司马光主编《资治通鉴》时残存的墨迹，内容为自东晋元帝永昌元年正月起的提纲

# 曾 巩

中国宋代散文家。唐宋八大家之一。字子固，世称南丰先生。建昌军南丰（今属江西）人。后居临川（今江西抚州）。幼年能文，12岁为文章，语已惊人。始冠游太学，20岁后，因文才出众，受到欧

阳修赏识。在京期间结识王安石，二人遂成为文学密友。庆历中，欧阳修为滁州太守，曾巩至滁州从之学习古文。嘉祐二年（1057）进士及第，为太平州司法参军。岁余，召为馆阁校勘，集贤校理，兼判官告院，为英宗实录院检讨官。在此期间，校理《说苑》《战国策》《李太白诗集》等多种典籍，撰写叙录。熙宁二年（1069）起任地方官吏，颇有政绩。为了侍奉亲老，曾一再申请内调。后被神宗召见，留在京师。元丰四年（1081），为史馆修撰、管勾编修院、判太常寺。五年四月，擢中书舍人，九月遭母丧，罢职。六年四月卒于江宁府（今南京）。南宋理宗追谥文定。曾巩是北宋古文运动的积极追随者和支持者，几乎全部接受了欧阳修的文学创作主张。他也强调文以明道，提出要"明圣人之心于百世之上，明圣人之心于百世之下"（《上欧阳学士第一书》）。他批评李沿颠倒了道与辞章的主次本末关系："欲至乎道也，而所质者则

辞也，无乃务其浅，忘其深，当急者反徐之。"（《答李沿书》）曾巩自己的文学实践体现了这一思想，其文自然淳朴，不甚讲究文采，故朱熹认南丰文"质而近理，东坡则华艳处多"（《朱子语类》卷一三九）。曾巩现存散文上千篇。他是八大家中情致较少的一位，其文章绝少抒情作品，多是议论文和记叙文。其文以议论见长，立论警策，说理曲折尽意，文辞和缓纡徐，自有一种从容不迫的气势，与欧阳修的风格相似。其《上欧阳舍人书》论历代之治乱得失，陈述改革弊政的急务，对时政有较深感慨。其他如《唐论》《战国策目录序》《范贯之奏议集序》《上蔡学士书》都是这类议论文章的代表之作。曾巩的文章结构严谨，条理分明，有一种纵横开阖的法度。《与孙司封书》哀悯孔宗旦在事变前能预测祸患，变乱时能以身死节，一波三折，清人何焯谓此文"反覆驰骤，于作者为最有光焰之文，殆不减退之《张中丞传后叙》"（《义门读书记》卷

四十二）。他的记叙文善于以精练的笔墨叙事，以夹叙夹议的手法，把说理与叙事结合起来，如《李白诗集序》以短短的300字记述李白一生的曲折经历；《秃秃记》仅500字就生动记述了秃秃被人遗弃的悲惨命运；《墨池记》不著笔墨于景物，而是借王羲之勤学苦练来抒发议论。《宋史》评价曾巩文学成就说："立言于欧阳修、王安石间，纡徐而不烦，简奥而不晦，卓然自成一家。"曾巩的文章在中国古代文学史上享有很高的声誉，自宋至清都尊崇有加，尤其是明代的唐宋派和清代桐城派作家更将其作为文章典范。

曾巩也长于诗，其诗风与文风相近，古朴典雅，清新自然，而较多使用赋的表现手法，比兴的手法略少（元刘壎《隐居通议》卷七），显示出宋诗擅长议论的特点。他有一些诗反映了社会现实，像《追租》《边将》《湘寇》等诗表现出他对国家大事、民生疾苦的关切。他的诗长于五、七言近体，像"烟云断溪树，风雨入山城"（《秋日感事示介甫》），"明月满街流水远，华灯入望众星高"（《上元》），"云乱水光深紫翠，天含山气入青红"（《甘露寺多景楼》），都意态高旷，形象清新，有唐诗风韵。

曾巩文集有《元丰类稿》50卷、《续元丰类稿》40卷、《外集》10卷（曾肇《子固先生行状》）。宋南渡后，原集已有佚亡。现存曾巩文集有金、元、明刻本，清康熙

曾巩墓志铭（拓片）

五十一年顾崧龄刊《元丰类稿》，除正集以外，又补集外文 2 卷、续附 1 卷，是保存曾巩文章最全的版本。1984 年中华书局出版有陈杏珍、晁继周标点本《曾巩集》。

# 王安石

北宋政治家、文学家。字介甫，号半山。抚州临川（今属江西）人。封荆国公，世称王荆公。谥文，又称王文公。

**生平** 王安石自幼随做地方官的父亲王益转徙于新淦、庐陵、新繁、韶州等地，至景祐四年（1037），全家始定居于江宁。早年的播迁生活，使他较为广泛地接触到社会的贫困和人民的苦难，产生了"心哀此黔首"（《感事》）的感情。他"少好读书"（《宋史·王安石传》），"自百家诸子之书，至于《难经》、《素问》、《本草》、诸小说，无所不读，农夫女工，无所不问"（《答曾子固书》）。年十七八，即以稷、契自命："才疏命贱不自揣，欲与稷、契遐相希"（《忆昨诗示诸外弟》），表现出不同凡响的志趣。庆历二年（1042）登杨寘榜进士第，签书淮南判官。庆历七年（1047）调知鄞县，便着手兴修水利，贷谷与民，受到人民爱戴。嘉祐元年（1056）为群牧判官，后历官常州知州，提点江东刑狱、三司度支判官、知制诰等。任度支判官时，受同僚宋敏求委托，在家藏唐人诗集的基础上编《唐百家诗选》。神宗即位，召为翰林学士兼侍讲。熙宁二年（1069）任参知政事，次年拜相。在神宗支持下，制定并推行农田水利、青苗、均输、保甲、免役、市易、保马等新法，使国力有所增强。因遭到反变法派的猛烈攻击，于熙宁七年（1074）罢相，次年复拜相，进《三经新义》，立于学官。熙宁九年（1076）再次辞去相位，退居江宁，潜心于学术研究和诗歌创作。元祐元年（1086）司马光执政，尽废新法，王安石忧愤病死。王安石事迹，见《宋史》本传、《续资治通鉴长编》、《宋诗纪事》、《宋人轶事汇编》、《宋稗类钞》等。

**文学主张与创作**　王安石是欧阳修倡导的北宋诗文革新运动的积极参加者。早在庆历三年（1043），他就抨击西昆派的代表人物杨亿、刘筠"以其文词染当世，学者迷其端原"，批判他们的文风"无文章黼黻之序"（《张刑部诗序》）。后来他的文学观随着变法思想的形成而明显地表现出功利主义的倾向。他的文学主张的核心是："文章合用世"（《送董传》），"务为有补于世"（《上人书》）。但不否定修辞技巧的作用："容（形式美）亦未可已也，勿先之，其可也"（同前）。他的文学创作正是这种主张的具体实践。

王安石是唐宋八大家之一。他的散文创作以论说文的成就最为突出。大致可以分为四类：①直接向皇帝陈述政见的奏议。如《上仁宗皇帝言事书》，批评北宋中叶整个官僚政治制度的腐败现象，提出法先王之意，主张"改易更革"；《本朝百年无事劄子》系统地阐述仁宗在位41年间的政治措施的得失，劝勉神宗革除"因循末俗之弊"。这类文章具有组织严密、析理精微、措辞大胆切直而又很有分寸、语气诚敬干脆而又富于鼓动性等特点。尤其是《上仁宗皇帝言事书》，洋洋万言，体大思精，近人梁启超以为"秦汉以后第一大文"，惟贾谊《陈政事疏》"稍足方之"（《王荆公》第21章）。②针砭现实的杂文。如《原过》《使医》，短小精悍，巧于用比；《兴贤》《委任》，从正反两面反复论证，逻辑性很强；《闵习》《知人》批判世人溺于旧习和君主不能识贤，笔锋锐利，寄慨深远。③人物论和史评。如《子贡》《鲧说》《伯夷》《读〈江南录〉》《读〈孟尝君传〉》《读〈柳宗元传〉》，一反传统之见，发前人所未发，储欣以为能"希风《史记》论赞，奇美特绝"（《临川全集录》

卷二）。其中《读〈孟尝君传〉》全文不足百字，而抑扬吞吐，胜意迭出，尤为短文中的杰作。④书序和信札及其他。如《周礼义序》《诗义序》等，在学术见解中体现了他反传统的政治态度，即苏轼所谓"网罗六艺之遗文，断以己意"（《王安石赠太傅》）；行文则"简而能庄"（沈德潜《唐宋八家文钞》卷三十），字字着力。《答司马谏议书》驳司马光对新法的非难，逻辑严密；《答吕吉甫书》以释憾解怨的态度作绝交书，置个人恩怨于度外，表现出了磊落的胸怀。

记叙文在王安石的散文中占有较大比重。人物传记如《先大夫述》，运用朴实的语言记叙其父王益居官清廉正直。着墨不多，而给人的印象较为鲜明。《伤仲永》写仲永因后天不学终于由神童沦为常人的可悲经历，申述劝学之旨，题材很典型。墓志碑文，为数甚多，通常是概括叙写墓主生平、历官、品格，文笔简妙老洁，偶尔插入几则生动故事，显得重点突出，亲切感人。如《给事中赠尚书工部侍郎孔公墓志铭》写孔道辅不好鬼神機祥，举笏击杀妖蛇事，寥寥几笔，勾勒了一个无神论者的形象。游记如《游褒禅山记》，"借题写己，深情高致，穷工极妙"（《御选唐宋文醇》卷五十八引李光地语）。

一般说来，王安石的记叙散文不重写景状物、铺陈点染，而属意于借端说理、载道见志，因而某些作品显得形象性不足。

抒情文以祭文为多。用四言韵语写的，如《祭束向元道文》《祭范颖州仲淹文》等，词语古朴，情意真挚，颇有感染力；用杂言韵文写的，如《祭欧阳文忠公文》，高度赞扬欧阳修的文学成就和道德情操，词清韵幽，在当时各家所写的欧阳修祭文中，最为杰出。但某些替人代做及纯属应酬性质的祭文则未能免俗。赠序中也有抒情文，如《同学一首别子固》，抒写朋友间相警相慰之意，唱叹有情，婉转深厚。

王安石早年为文主要师法孟子

和韩愈。欧阳修指点他说："孟、韩文虽高，不必似之也，取其自然耳。"（曾巩《与王介甫第一书》）自此以后，文思开廓。他兼取韩非的峭厉、荀子的富丽和扬雄的简古，融会贯通，形成峭刻幽远、雄健刚直、简丽自然的独特风格。吴德旋说："古来博洽而不为积书所累者，莫如王介甫"（《初月楼古文绪论》），指出了他能够博取众美的长处。今人朱自清说："王是政治家，所作以精悍胜人"（《经典常谈·文第十三》），指出了他的散文与欧阳修、苏轼的区别。

王安石的诗歌，不仅数量多，有1500余首，而且很有特色，自成一家。退居江宁以前所写的诗歌，多数属于政治诗。他把自己长期观察、分析社会现实的感受和渴望济世匡俗的抱负写进诗里，主要有《感事》《河北民》《收盐》《酬王詹叔奉使江东访茶利害见寄》《发廪》《兼并》《省兵》《读诏书》《次韵和甫咏雪》等。这些作品，密切联系现实人生，内容比较充实；而在艺术上，一般存在着议论过多、形象不够丰满、语言较为生硬等缺点。如《兼并》诗，洪迈即认为"其语绝不工"（《容斋诗话》卷三）。执政以后，推行新法，当遭到反变法派的攻击时，他写了《众人》《赐也》《王章》《即事六首》之二、《孤桐》等诗进行回击，表现出对于推行新法毫不动摇的意志。

王安石是一位爱国诗人，抒发爱国感情的诗篇在他的政治诗中占有一定的比重。《入塞》《送赵学士陕西提刑》《西帅》《阴山画虎图》《次韵元厚之平戎庆捷》等，是这类诗中的代表作。以咏史和怀古为题材的诗篇中也颇有传诵之作。如《商鞅》《宰嚭》《韩信》《范增二首》《贾生》等都有感而发，寓意深刻，李东阳以为"极有笔力当别用一具眼观之"（《怀麓堂诗话》）。历来脍炙人口的《明妃曲》两首，由细致的刻画与精妙的议论结合而成，在令人同情的王昭君的形象上寄托了自己怀才不遇的感触，黄庭坚以为"可与李翰林、王右丞并驱争先矣"（李壁《王荆文公诗笺注》引）。王安石还写了大量羁旅、登临、酬赠、悼友之作，其中如《旅思》《登飞来峰》《题西太一宫壁》《别孙莘老》《送程公阐守洪州》《寄王逢原》《思王逢原三首》等都是难得的佳构。但也有不少作品是铺排典故成语的客套虚文，艺术价值不高。

王安石在退居江宁以后的10年中，思想上十分矛盾。一方面，他继续关心新法，写作歌颂新法成效的诗篇。《歌元丰五首》《元丰行示德逢》《后元丰行》等描绘人民在获得丰收后的欢乐景象，虽不无溢美之处，但可见他对神宗继续推行新法仍然热情支持。他曲折言志，著名的《北陂杏花》诗的最后两句"纵被春风吹作雪，绝胜南陌碾成尘"，陈衍以为"恰是自己身分"（《宋诗精华录》卷二）。其他如《杖藜》《梅花》《独山梅花》《望夫石》《鸱》等，都表现他未能忘怀政治，不肯超然物外的积极态度。另一方面，由于神宗对推行新法愈来愈动摇，王安石的处境愈来愈困难，他不得不借助佛理来解脱自己的精神苦闷。《示宝觉三首》《示无著上人》《寓言三首》《拟寒山拾得二十首》等，都表明他离开世情愈来愈远。此外，他寄

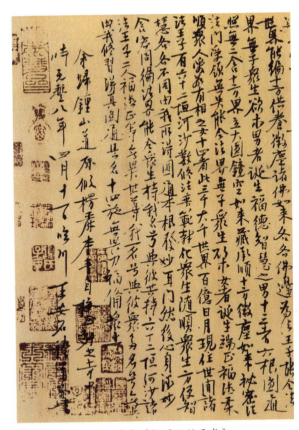

王安石手书《楞严经旨要卷》

071

情山水，陶冶性情，写了大量山水田园诗。其中如《南浦》《染云》《书湖阴先生壁》《江上》《北山》《泊船瓜洲》等都是古今公认的佳作。

王安石集句诗数量较多，有的比较自然。在他的提倡下，这种特殊的诗体在宋代有了发展。故严羽说："集句惟荆公最长。"（《沧浪诗话》）

王安石前后期的诗风有很大不同。前期主要学习杜甫关心政治，同情人民疾苦的精神，《杜甫画像》充分说明了他对杜甫的倾倒。这一时期的诗歌，内容丰富，热情饱满。在艺术上，近体多仿杜诗句法，古体则明显地吸取韩愈诗歌的健拔雄奇、多用议论的特色，具有劲峭雄直之气。但如《读墨》一类诗作，"终篇皆如散文，但加押韵"（《王荆文公诗笺注》引李郢语），助长了宋诗议论枯燥的缺点。后期诗作，在艺术上走着杜甫"老去渐于诗律细"的路子，在对仗、典故、格律上精益求精；又吸收了王维诗歌的取境之长，进一步增强了艺术美。叶梦得说："王荆公晚年诗律尤精严，造语用字，间不容发。然意与言会，言随意遣，浑然天成，殆不见有牵率排比处"（《石林诗话》卷上），吴之振说他"遣情世外，其悲壮即寓闲澹之中"（《宋诗钞·临川诗钞序》），都比较恰当地指出他后期诗歌的艺术特征。严羽称王安石的诗歌为"王荆公体"（《沧浪诗话》），主要指其后期诗风而言。也有人对王安石后期诗过多地搬弄典故和讲究技巧表示不满，如陈师道说他"伤工"（《王直方诗话》引），叶适说他"徒有纤弱"（《习学纪言序目》卷四十七），赵翼说他几首属对精切的诗"皆字面上求工，而气已恹恹不振"（《瓯北诗话》卷十一）。不过总的来说，王安石的诗歌创作在扫清西昆影响、开创宋诗局面的过程中，起了很大作用。他评张籍乐府诗的名言"看似寻常最奇崛，成如容易却艰辛"（《题张司业诗》），包含着自己的创作甘苦，给后世诗人以深刻启发，黄庭坚、杨万里等都受到他的影响。但他有时爱炼涩拙之句，押逼仄之韵，用冷僻之典，开启了江西诗派追求险韵硬语等形式技巧的不良风气。

王安石的词作数量不多，艺术性却比较高。〔千秋岁引〕《别馆寒砧》词"意致清迥"（《蓼园词选》）；〔桂枝香〕《金陵怀古》足堪"颉颃清真、稼轩"（《艺蘅馆词选》），都是不可多得的名篇。

**作品集与版本** 王安石的诗文，宋徽宗时由薛昂等人编纂成集，早已散佚。传世的有两种：一种是《临川先生文集》，通行的是明代嘉靖二十五年应云鸑刻本及嘉靖三十九年何中丞刻本，都是 100 卷，源于南宋绍兴年间詹大和刻本，即所谓临川本。另一种是南宋龙舒刻本《王文公文集》，也是 100 卷，但篇目、编次与临川本不同，且只剩两个残本。1959 年中华书局整理出版的《临川先生文集》，以临川本为底本，参校其他各善本而成。集末附日本岛田翰从残本《王文公文集》中辑得的 47 篇佚诗、佚文作为《补遗》。这是目前较完善的王安石全集。1961 年中华书局上海编辑所又得龙舒本的两个残本合刻，去其重复，配成完整的《王文公文集》。

# 朱 熹

南宋哲学家、教育家、文学家。字元晦，一字仲晦，号晦庵。徽州婺源（今属江西）人，侨寓建阳（今属福建）崇安，后徙考亭。其父朱松，进士出身，历任著作郎、吏部郎等职，因反对秦桧妥协而出知饶州，未至而卒。此时朱熹14岁，遵父遗命，师事刘子翚等人。

绍兴十八年（1148），朱熹中进士，任泉州同安（今属福建）主簿，聚徒讲学，后罢归，监潭州（今湖南长沙）南岳庙。孝宗即位，朱熹上书反对议和。隆兴元年（1163）被召见，复言主战。朝廷虽屡任以官职，因与执政者政见不合，皆辞不就。淳熙五年（1178）史浩再度为相，荐朱熹知南康军（治所在今江西庐山市），屡辞不

许，次年赴任。访白鹿洞书院遗址，奏请修复旧观，订立学规，从事讲学。淳熙八年（1181），浙东大饥，朱熹被任命提举浙东常平茶盐公事。次年，因屡次上疏弹劾台州太守唐仲友违法扰民，唐仲友为宰相王淮姻亲，朱熹的奏章被扣压，因愤而辞归。淳熙十四年（1187），周必大为相，任朱熹提点江西刑狱。次年，升兵部郎官，以足疾为由请归。淳熙十六年（1189），光宗即位，任为江东转运副使，以病力辞，后改任漳州（今属福建）知州。绍熙二年（1191）辞归建阳，五年（1194）起任湖南安抚使，修复岳麓书院，扩建学堂，广纳四方游学之士。宁宗庆元元年（1195），为焕章阁待制、侍讲，因得罪韩侂胄而罢。次年，监察御史史继祖劾其伪学欺人，革职罢官，归建阳讲学著述而终。

朱熹一生关心现实，对金人南侵、土地兼并、赋役繁重、民不聊生的现状焦虑不安，要求选贤任能，修明军政，爱养民力，实现统

一。从中进士至死50多年间，虽为官仅9年，在朝廷任职仅40天，但在任上都能革除弊端，打击贪吏，救灾安民。

朱熹一生的主要精力倾注在讲学和著述上。他在哲学上发展了二程（程颢、程颐）关于义理关系的学说，集理学之大成，建立了一个完整的客观唯心主义的哲学体系，成为后来封建地主阶级的正宗哲学，在思想领域中起了长期的消极作用。所撰《四书集注》，元代以后的科举考试规定士人发挥题义必须以此书为依据，影响极大。

在文学观点上，朱熹与二程相近。他倡导文道一贯之说，强调文道统一，认为道是文的根本，文是道的枝叶，二者不能分开，反对"文以贯道"："这文皆是从道中流出，岂有文反能贯道之理？"（《朱子语类》卷一百三十九）主张人们只要修道明理而力行不倦，文便能随道的产生而产生，好的文章便是文道合一的产物。因而，他对唐宋古文大家们重视文的作用不满，说

他们是"弃本逐末"。与此相应，朱熹论诗重言"志"，即诗中要有道德修养，认为有此即自成佳作。他反对从格律、辞藻方面论工拙，强调质朴自然，因而形成他诗论中的复古主义观点。但他在具体论文论诗中，却有一些较公允的见解。如他认为学诗要从《诗经》《离骚》开始；论古诗则重汉魏而薄齐梁；对陶渊明、李白、杜甫、陆游的诗和苏洵、苏轼的文都有较中肯的评价。同样，他的《诗集传》《楚辞集注》，也常表现出尊重事实、重视文学反映现实和抒发情志的作用的求实精神。

在道学家中，朱熹的诗歌艺术性最高；在南宋文坛上，他的文章也很有特点。

朱熹的父亲朱松和老师刘子翚，都是著名诗人，朱熹受他们的熏陶，也能写诗。他重古诗而轻律诗。五古学汉魏，学陶渊明，学唐人中诗风古朴的一派，往往即景即事，言志述怀，以表现其"雍容俯仰"的气象和"中和冲淡"的胸

襟。篇幅较短，语言自然，不用典故，长于用白描手法写自然景色。《对雨》《六月十五日诣水公庵雨作》《卧龙庵武侯祠》《康王谷水帘》等，都是代表作，《秋日告病斋居奉怀黄子厚刘平父及山间诸兄友》中的"况复逢旱魃，农亩无余收；赤子亦何辜，黄屋劳深忧。而我忝朝寄，政荒积愆尤。怀痾卧空阁，恻怆增绸缪"，则反映了迫切的现实问题，抒发了忧国忧民的心情。

朱熹认为自律诗出而讲究用韵、属对、比事、遣词，"益巧益密"，有害于诗的"言志之功"。但他自己还是写了不少律诗，有些篇章也值得一读。五律如《登定王台》，旧时选本多入选。《拜张魏公墓下》6首，通过对爱国宿将张浚的赞颂哀悼，暴露了朝政的昏暗。"公谋适不用，拱手迁南荒"，"中原尚腥膻，人类几豺狼！"悲痛、愤激情见乎词。他的七律也有佳作，如《和刘叔通怀游子蒙之韵》："扣角听君悲复悲，壮心未已欲何之！交游半落丘山外，离别偏伤老

大时。尚喜渊潜容贾谊，不须日饮教袁丝。病余我更无憀赖，勉为同怀一赋诗。"这是晚年被贬逐之后写的。报国无门的悲愤，出之以苍凉委婉之词，弥觉沉痛。

朱熹的七绝清新明丽之作较多。《水口行舟二首》《入瑞岩道间得四绝句》《武夷櫂歌十首》一类诗，都情景交融，很有韵味。

道学家用诗讲道理，写出的不过是"语录讲义之押韵者"。朱熹集中也有这一类"诗"，但比例较小。同时，有些诗尽管也讲道理，却不是抽象地讲，而是用比兴手法写客观景物，给人以启发。如《春日》："胜日寻芳泗水滨，无边光景一时新。等闲识得东风面，万紫千红总是春。"《观书有感二首》："半亩方塘一鉴开，天光云影共徘徊。问渠那得清如许，为有源头活水来。""昨夜江边春水生，蒙冲巨舰一毛轻。向来枉费推移力，此日中流自在行。"寓议论于写景，富于哲理性而不乏诗味。至如七律《鹅湖寺和陆子寿》中的"旧学商量加

邃密，新知培养转深沉"，直接说理，但说得亲切，至今为人们所引用。

朱熹文章长于说理，风格近似曾巩。如《庚子应诏封事》力陈"国家之大务莫大于恤民，而恤民之实在省赋，省赋之实在治军"，结构谨严，逻辑周密，语言平实，很能代表其文章风格。他的一些记事、写景的短文，颇有文艺性。如《记孙觌事》（《文集》卷七十一），寥寥200字，通过孙觌写降表"一挥而就"的情态及其"顺天者存"的议论，刻画出投降者的形象并给予辛辣的讽刺。《百丈山记》（《文集》卷七十八），写涧水、瀑布、远山、日光和云涛变灭，细致准确，宛然在目。《送郭拱辰序》（《文集》卷七十六），先写郭君为他画像表现出"麋鹿之姿，林野之性"，后写他将出游，欲画隐君子之形以归，而以郭君不能从行为憾。其国土日蹙、贤人在野、朝政昏暗之意，都见于言外，是历来传诵的名篇。

朱熹的《朱子语类》140卷，涉及面很广，是宋代以后新的语录体奠基之作。这种讲经传道、品评是非的口语化的文体，其特点是质朴无华，平易近人。如他论陶潜诗："人皆说是平淡，据某看，他自豪放，但豪放得来不觉耳。其露出本相者，是《咏荆轲》一篇，平淡底人如何说得这样言语出来？"（《语类》卷一百四十）论黄庭坚诗："如《离骚》，初无奇字，只凭说将去，自是好；后来如鲁直恁地著力做，却自是不好。"（《语类》卷一百三十九）这些话语，大都是他平时语言的忠实记录，讲述者的情感和语气宛然，很有感染力。

所著《朱文公文集》100卷，有《四部丛刊》影明刻本。又有《续集》11卷，《别集》10卷，与《文集》合刊为《朱子大全》，有《四部备要》本。另有《朱子诗集》单行，共12卷，明程璘编，有正德十六年（1521）刻本。《朱子语类》140卷，有成化九年（1473）陈炜刊本、石门吕氏刊本。《诗集传》《楚辞集注》

均有上海古籍出版社新刊本。

## 吕祖谦

南宋理学家、史学家、文学家。字伯恭，学者称东莱先生。婺州（今浙江金华）人。隆兴元年（1163）进士，复中博学鸿词科。授太学博士，官至直秘阁、著作郎兼国史院编修。与朱熹、张栻齐名，时称"东南三贤"。他主张"明理躬行"，治经史在于致用，反对空谈阴阳性命之说，在文学上则力求融合道学与辞章。

吕祖谦学问渊博，著作宏富，有《古周易》《书说》《吕氏家塾读诗记》《东莱左氏博议》《历代制度详说》等十余种，并与朱熹合撰有《近思录》。其中《东莱左氏博议》一书，收录他论《左传》的文章80多篇，深入浅出，论辩有力。陆游

在给曾逢的信中曾加以赞扬。《吕氏家塾读诗记》是宋人研究《诗经》的重要著作。他编有《宋文鉴》150卷。又编有《古文关键》，选辑韩、柳、欧、苏、曾等人文章60余篇，在评注批点中，可以见出他对古文体格源流、命意结构、句法字法等的一些可取的见解。

吕祖谦的诗文大多为"不得已而作"，"诗多挽诗，文多铭志"（吴乔年《东莱集》序）。他的议论文笔锋犀利，闳肆辩博。《入越记》《入闽录》等记会稽、武夷之游和鹅湖之会，叙事井然，写景清丽，不失为长篇游记中的佳作。诗有80多首，其中少数写景的七律和七绝较有情致。但不如学术有成就。

诗文集《东莱集》，通称《东莱吕太史文集》40卷，有宋嘉泰四年吕乔年刻元明递修本、《续金华丛书》本。

# 归有光

中国明代散文家。字熙甫，号项脊生。昆山（今属江苏）人，卒于南京。嘉靖十九年（1540）中举人。其后20余年，8次会试不第。二十一年（1542）移居嘉定安亭江上，读书讲学，被称为震川先生。四十四年（1565）始中进士，授长兴知县。后为南京太仆寺丞，参与撰修《世宗实录》。

明代中叶，文坛上出现了前、后七子的复古运动，对扫除台阁体的文风有一定作用。但至嘉靖年间，已流为盲目尊古倾向。王慎中、茅坤、唐顺之等人起而抵制，提倡唐宋古文，被称为唐宋派，其魁首实为归有光。在诗论上，他也批判复古倾向，其基本观点是：以《史记》为代表的秦汉文章虽好，但唐宋间名文未尝不佳，前、后七子标榜"文必秦汉，诗必盛唐"，实则泥古成风，走入歧途。

归有光反对拟古，多从形式着眼，并未达到内容上的真正革新。他的作品以散文为主，十之八九为经解、题跋、论议、赠序、寿序、墓志、碑铭、祭文、行状以及制义之作，其中有些作品表现了对当时政治的不满，有些作品表现出对人民的同情，但也有不少作品内容空洞，思想陈腐。在若干记叙、抒情散文中，能做到"无意于感人，而欢愉惨恻之思，溢于言语之外"（王锡爵《归公墓志铭》）。其艺术特色是：①即事抒情，真切感人。如代表作《项脊轩志》，以"百年老屋"项脊轩的几经兴废，穿插了对祖母、母亲、妻子的回忆，极富人情味。②注重细节，刻绘生动。如《项脊轩志》写景，发扬了唐宋文的优良传统，确非前、后七子所及。③篇幅短小，言简意赅。他的散文名作，如《项脊轩志》《先妣事略》《思子亭记》《女二二圹志》等，均未超过千字。④结构精巧，波折多变。如《宝界山居记》由太湖风景写到宝界山居，又对比唐代王维之辋川别墅，并对王维发了议论；《菊窗记》从洪氏之居的地势、风景写到古人仲长统与陶渊明，夹叙夹议，跌宕多姿。

归氏散文虽多写身边琐事，但他的《备倭事略》《昆山县倭寇始末书》《蠲贷呈子》等文，刻画了倭寇入侵后昆山一带"屋庐皆已焚毁，赀聚皆已罄竭，父母妻子半被屠刭，村落之间哭声相闻"的惨状；《书张贞女死事》《张贞女狱事》等文，揭露了恶霸横行、吏治腐败的现实；《送恤刑会审狱囚文册揭贴》《九县告示》《乞休申文》等文，表达了自己为民请命的心怀；《可茶小传》《鹿野翁传》等传记文，勾勒了一些普通人物的形象；《己未会试杂记》《壬戌纪行》等纪行文，记载了当时一些民情世态。这些作品均有一定的社会意义。

有《震川先生集》共40卷行世。

# 茅 坤

中国明代散文家。字顺甫，号鹿门。浙江归安（今湖州）人。嘉靖十七年（1538）进士。历任青阳、丹徒两县知县，迁礼部主事，又转任吏部稽勉司，曾受牵连而谪为广平通判。后又屡迁广西兵备佥事、河南副使。由于镇压广西瑶民起义有功而升为大名兵备副使。终被忌者中伤，落职归家隐居50余年而卒。茅坤反对前、后七子"文必秦汉"的主张，提倡学习唐宋古文。他评选的《唐宋八大家文钞》在当时和后世有很大影响。此书选辑唐代韩愈、柳宗元，宋代欧阳修、苏洵、苏轼、苏辙、曾巩、王安石8家文章共164卷。每家各为之引。从总序可以看出，茅坤选文的目的在于宣扬8人文章中得"六经"之精髓者，对韩愈尤为推崇。

他评述文章艺术形式也不出八股文笔法范围。评点注释虽多有疏漏、错误之处，但此选本繁简适中，可作为初学者之门径，因此几百年来盛行不衰。"唐宋八大家"的名目也由此流行。茅坤的散文刻意模仿司马迁、欧阳修，行文喜跌宕激射。但是，由于他为文好模拟，故佳作不多。今存《白华楼藏稿》《玉芝山房稿》等。

# 袁宗道

中国明代文学家。字伯修，号石浦。湖广公安（今属湖北）人。27岁时会试第一，官翰林院庶吉士、编修。万历十七年（1589）归里，钻研学术，以禅宗思想研究儒学，著《海蠡篇》（今佚）。9年后复入京，官右庶子，任东宫讲席。袁宗道钦慕白居易、苏轼，书斋取名为"白苏斋"。明万历年间，以王世贞、李攀龙为代表的拟古文风仍有较大影响，袁宗道与其弟宏道、中道志同道合，极力反对，人称公安派。他认为文章要旨在于辞达，而文章欲辞达，须先有"理"（思想学问），"从学生理，从理生文"；其次要有真情实感。从这种观点出发，他的诗文创作不事模拟，率真自然。游记散文如《戒坛山一》《上方山一》《小西天一》等，简牍散文如《答同社二》《寄三弟之二》《答友人》等，都情运笔端，真切感人；论说文如《读大学》《读论语》中某些章节浅显通达，警辟有味。但他的多数散文以士大夫的闲情逸兴、说理谈禅为主要内容，社会意义不大。其诗风平稳畅达，和易清秀，《食笋鱼》《春日闲居》等可视为代表作。不过其总体成就不算太高，不如乃弟宏道和中道。著有《白苏斋类集》22卷。另著有杂剧2种及词若干，已佚。

# 袁宏道

中国明代文学家。字中郎，又字无学，号石公。湖广公安（今属湖北）人。曾问学李贽，引以为师，颇受李贽思想影响。万历二十年（1592）中进士。二十三年（1595），选为吴县令，饶有政绩。后又授顺天教授，补礼部仪制司主事。两年后辞官返里，卜居柳浪湖畔，潜学著文，并作庐山、桃源之游。三十四年（1606），入京补仪曹主事，不久又辞去。两年后再入京，擢吏部主事，转考功员外郎。三十七年（1609），迁稽勋郎中，赴秦中典试。事毕请假归里，定居沙市。

袁宏道在明代文坛上占有重要地位。他与兄宗道、弟中道时号"三袁"，被称为公安派，宏道实为领袖。他有一套系统的理论，成为公安派文学纲领：①反对盲目拟古，主张文随时变。②文随时变的目标是存真去伪，抒写性灵，形成"性灵说"，是公安派文论的核心。③所谓"性灵"，能导致文章的"趣"和"韵"，而它们是由"无心"或"童子之心"得来的。它与李贽的"童心说"极为接近。④认为民间的通俗文学正是"无闻无识"的"真声"并加以推崇。

袁宏道的散文极富特色，清新明畅，卓然成家。今存其尺牍280余封，篇幅长的1000多字，短的只二三十字。如《致聂化南》一札，简凝活脱，间以诙谐，可见其尺牍文的一斑。他的各类随笔200余篇，题材多样，饶有意趣。其中《畜促织》《斗蛛》《时尚》等篇，记述了当时的风俗人情；传记文以《徐文长传》《醉叟传》两篇最优，刻绘人物生动鲜明；游记文90余篇，于写景中注入主观情感，韵味深远，文笔优美。如《满井游记》所写京郊初春景色，纯用写实手法，刻画细腻，情致益然。其他如《虎丘》《天目一》《晚游六桥待月记》《观第五泄记》等，真切动人，语言浅近，略无斧凿之迹，都是佳作。

袁宏道作有各体诗歌1700余首，成就不及散文。少量诗作如《猛虎行》《门有车马客行》《逋赋谣》《巷门歌》等，揭露当时的黑暗现实，有一定意义。不过他的诗及多数散文，仅限于抒发个人情趣，内容有一定的局限。一些公安派文风仿效者，则更发展了这一倾向。

著有《敝箧集》《锦帆集》《解脱集》《广陵集》《瓶花斋集》《潇碧堂集》《破砚斋集》《华嵩游草》等。宏道文集最早为明万历刊本，今人钱伯城整理《袁宏道集笺校》。

# 袁中道

中国明代文学家。字小修，一作少修。湖广公安（今属湖北）人。万历四十四年（1616）中进士，授徽州府教授，后历任国子博士、南京礼部主事、吏部郎中等职。与其兄宗道、宏道被称为公安派。在"三袁"中，他的成绩仅次于宏道。其文学主张与宏道基本相同，强调性灵。他较两兄晚殁，后来目睹模仿公安派的文人已有"为俚语，为纤巧，为莽荡"（《中郎先生全集序》）的流弊，所以晚年又形成以性灵为中心兼重格调的思想，提出"不效七子诗，亦不效袁氏少年未定诗，而宛然复传盛唐诗之神则善矣"（《蔡不瑕诗序》）。这是他与两兄稍异之处。袁中道作品以散文为优，游记文如《游石首绣林山记》《游鸣凤山记》《金粟园记》

《玉泉涧游记》等，情景交融，描摹入微；尺牍文如《寄蕴璞上人》《答潘景升》《与曾太史长石》等，直抒胸臆，文笔明畅；日记《游居柿录》，多有精粹文笔，对后世日记体散文有一定影响。诗歌亦疏朗清新，偶有关心民瘼之作。但艺术上创新不多，与其文学主张不能相称。著有《珂雪斋集》20卷、《游居柿录》（《袁小修日记》）20卷。

# 谭元春

中国明代文学家。字友夏。湖广竟陵（今湖北天门）人。天启七年（1627）乡试第一。与同里钟惺共选《诗归》，一时名声甚赫，世称"钟谭"，同为竟陵派创始人。受钟惺影响，提倡诗文抒写性灵，反对拟古文风。他所提倡的"性灵"是学习古人诗词中的精神。但因他强调的"古人精神"只是"幽情单绪"和"孤行静寄"，只着眼于湖光、花草及"孤怀""孤意"等，致使他创作的题材极为狭窄。加之又提倡一种"幽深孤峭"的风格，使文风艰涩，往往雕饰字句而忘及篇章，致使后人有字哑句谜、几无完篇之诟。然而谭元春的山水五言诗却时有佳品，如《夜次阳逻同夏平寻山》《游九峰山》等，迥然孤秀，有幽冷峭拔风范。其六言绝句《得蜀中故人书》亦朗秀清新，较有情趣。写景散文亦有出色作品，如《游南岳记》写登祝融峰顶所见，云海奇观，气势雄伟，景界壮观。三篇《游乌龙潭记》将三次游赏的不同时令特征及特异景色描绘得恰到好处，意境毫不雷同。受郦道元影响，语言表现力甚强。其书牍铭序如《求母氏五十文说》《端石砚铭》《宋绣观世音赞》等亦洁清隽永，颇有意致。著作收入《谭友夏合集》23卷。

# 徐霞客

明代散文家、地理学家。名弘祖，字振之，号霞客。南直隶江阴（今属江苏）人。徐霞客出身官僚地主家庭，幼年好学，博览史籍及图经地志。应试不第后，感慨于明末政治黑暗，党争剧烈，遂断功名之念，以"问奇于名山大川"为志，自22岁起出游。30余年间，东涉闽海，西登华山，北及燕晋，南抵云贵两广，游历了今日的江苏、浙江、山东、河北、山西、陕西、河南、安徽、江西、福建、广东、广西、湖南、湖北、贵州、云南等地。他在旅行中备尝艰险，遇盗被劫、绝粮乞食，均未挫其意志。观察所得，按日记载，除佚散者外，遗有60余万字游记资料。

徐霞客是中国以旅行为毕生事业的第一人。其《游记》为卓越的地理学著作，对祖国广大地区山川形胜、岩石地貌、水文气象、生物矿产、居民风俗，均有系统翔实的记述。他以目验的事实，修正了许多古代地志沿误之处，破除了若干迷信臆说。他从朴素的科学方法出发，阐明了地下水压力原理，得出河流流速与流程成反比的分析；观察到地形、气温、风速对植物生态的影响。特别是他实地勘查了100多个石灰岩溶洞，正确指出岩溶地貌的成因和特征。这一发现，早于欧洲人约两个世纪。而徐霞客用目测步量取得的数据，与现代测量结果十分相近。这就使《徐霞客游记》一书，具有重大的科学价值。

《徐霞客游记》还是优美的游记文学作品。明代以前，虽已出现用日记体写的记游散文，但都不及《徐霞客游记》博大宏丽，用《水经注》以来的游记专著与之相比，不啻片玉之与昆山。《徐霞客游记》在文学上的特点是：①写景记事，悉从真实中来，具有浓厚的生活实感。如《楚游日记》中麻叶洞探幽一节，以千余字篇幅，写其从方圆尺许之穴口入洞，"蛇伏以进，背磨腰贴"，渐次发现洞中各种佳境，曲折上下，凡经一里余始"穿窍而出"，致使土人奉他为"大法术人"，"顶额称异"。文章将洞中的奇景、爬行的艰辛以及土人心情的变化，据实写出，毫无虚构痕迹。这种写实特色，贯于《游记》全书。②写景状物，力求精细，远较前人游记细致入微。如《滇游日记十》中对腾越州硫磺塘的描写："……溯小溪西上，半里，坡间烟势更大，见石坡平突，东北开一穴，如仰口而张其上腭，其中下缩如喉，水与气从中喷出，如有炉橐鼓风煽焰于下，水一沸跃，一停伏，作呼吸状。跃出之势，风水交迫，喷若发机，声如吼虎，其高数尺，坠涧下流，犹热若探汤；或跃时，风从中捲，水辄旁射，揽人于数尺外，飞沫犹烁人面也。余欲俯窥喉中，为水所射，不得近。"文笔细密，一如工笔藻绘，使对象具有了质感和立体感。③词汇丰富，敏于创制，绝不因袭套语，落入窠臼。如《游雁宕山日记》中对雁宕诸峰之形容，使用了"危峰乱叠，如削如攒，如骈笋，如挺芝，如笔之卓，如幞之欹""袈裟伛偻""奇巧百出""流霞映采""亭亭插天""重岩陡起""环绕回合""开张峭削""冰壶瑶界""下伏如邱垤""如行刀背"

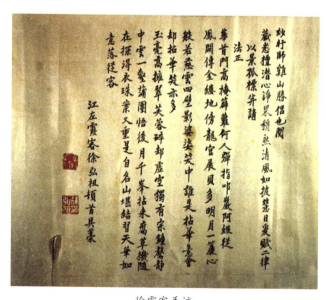

徐霞客手迹

等等形象，比譬生动，互不重复，致使全书辞藻富丽，蔚为大观。④写景时注重抒情，寓情于景，情景交融。如《浙游日记》一节："江清月皎，水天一空，觉此时万虑俱净，一身与村树人烟俱熔。彻成水晶一块，直是肤里无间，渣滓不留，满前皆飞跃也。"像这种托出意境，情景交融的好文字，全书中不时出现，给人以强烈美感。⑤写景时亦注意表现人的主观感觉。如《滇游日记六》一节："盖兰宗所结庐之东，有石崖傍峡而起，高数十丈，其下嵌壁而入，水自崖外飞悬，垂空洒壁，历乱纵横，皆如明珠贯索。余因排帘入嵌壁中，外望兰宗诸人，如隔雾牵绡，其前树影花枝，俱飞魂濯魄，极罨映之妙。崖之两畔，有绿苔上翳，若绚彩铺绒，翠色欲滴，此又化工之点染，非石非风，另成幻相者也。"这段文字，表达作者对崖前瀑布的视觉感受，写得相当优美。⑥写景状物常运用动态描写或拟人手法。如"人意山光，皆有喜态"，"诸峰娟娟攒立，岚翠交流"；"岑上乱石森立，如云涌出"，"山石忽怒涌作攫人状"；"岚光掩映，石色欲飞"，"穿瑶房而披锦幛，转一隙复攒一峒，透一窍更露一奇，至狮、象、龙、蛇夹路而起，与人争道"；"绝顶浮岚，中悬九天，绝崖陨雪，下嵌九地，兼之霁色澄映，花光浮动，觉此身非复人间，天台石梁，庶几又向昙花亭上来也"。凡此描写，都使对象人格化、性格化，成为情趣盎然的"动画"。

徐霞客丰富的描绘手段，使他的游记文章表现出很高的艺术性，具有恒久的审美价值。此外，他在记游的同时，还常常兼及当时各地的居民生活、风俗人情、少数民族的聚落分布、土司之间的战争兼并等等情事，多为正史稗官所不载，具有一定历史学、民族学价值。他还在记述遭劫被盗、兵匪横行、官府暴虐、小民涂炭等内容时，常表露自己对奸恶势力的憎恨和对人民的同情。凡此种种，使《徐霞客游记》被后人誉为"世间真文字、大

文字、奇文字"。

当然，徐霞客仍然有他一定的局限性。《游记》中不时流露宿命论和宗教迷信思想，相信"佛教之神也，于是乎征矣"，等等。但这只是白璧微瑕，不足以掩盖《徐霞客游记》在中国文学史上、中国地理学史上的地位。

此书版本较多，最早的是明崇祯十五年（1642）季梦良抄录的《徐霞客西游记》，但内容多有遗漏。清康熙二十三年（1648），霞客庶子李介立搜补整理，是为李介立本，今不传。乾隆四十一年（1776），徐霞客族孙徐镇据陈泓等人校本，初刊于世。嘉庆十三年（1808），叶廷甲补入徐霞客诗文为补编。其后版本日益增多，互有歧异。1980年，上海古籍出版社据现存两个较早抄本（季梦良抄本和徐霞客抄本）整理标点，印为10卷本《徐霞客游记》。

# 张 岱

中国晚明散文家。字宗子，改字石公，号陶庵，又自号蝶庵居士。山阴（今浙江绍兴）人，侨寓杭州。明亡后披发入山，安贫著书。张岱出身于一个仕宦家庭。在文学上沿袭公安派、竟陵派的主张，反对桎梏性灵的复古主义，提倡任情适性的文风。但又不为公安、竟陵所囿，能吸取两家之长，弃两家之短。作品题材范围广阔，于描写山水景物之外涉及社会生活的各个方面。但篇幅均不甚长，以短小精练、抒写自然著称，在晚明小品文中堪称代表。明亡后，他隐迹山居，回首20年前的繁华靡丽生活，写成《陶庵梦忆》和《西湖梦寻》两书，以抒发他对故土的追恋之情。张岱文笔活泼清新，不论写景抒情，叙事论理，俱趣味盎然。如《陶庵梦忆》中《西湖七月半》《湖心亭看雪》均写得意境极佳。其他如《金山夜戏》《柳敬亭说书》等，无不写得逼真如画。张岱又是明末史学家，著有《石匮藏书》和《石匮后集》。著作有《嫏嬛文集》《陶庵梦忆》《西湖梦寻》等。

# 黄宗羲

明末清初思想家、文学家。字太冲，号梨洲，又号南雷。余姚（今属浙江）人。父黄尊素，东林党中重要人物，因揭露魏忠贤罪恶，为阉党诬陷，冤死狱中。黄宗羲深受家庭影响，重气节，轻生死，严操守，辨是非，磨砺风节，疾恶如仇；反对宦官和权贵，成为东林子弟的著名领袖。清兵南下，黄宗羲组织同志，起兵抗击，不利，走入四明山，结寨自固，又依鲁王于海上。抗清斗争失败后，从事著述。他坚决反对明末空洞浮泛的学风，倡言治史，开浙东研史之风，为清代史家之开山祖。史学之外，对经学、天文、历算、数学、音律诸学都有很深造诣。清廷多次企图罗致他，威逼利诱，终不为所动，坚不赴征，表现了坚定的民族气节。他为保存史料而编选的《明文海》，600卷，未及刊行。

黄宗羲著作宏富。《明夷待访录》是他进步思想的集中表现，也是其纵横恣肆、宏伟浑朴散文风格的鲜明表现。书中突出地批判封建专制制度，带有鲜明的民主思想色彩。书中明确指出："为天下之大害者，君而已矣。"又说："天下之治乱，不在一姓之兴亡，而在万民之忧乐。"他揭露封建皇帝以天下为私产，"屠毒天下之肝脑，离散天下之子女"，以博其"一人之产业"；"敲剥天下之骨髓，离散天下之子女"，以奉其"一人之淫乐"，并"视为当然"。对于八股取士的科举制度，也予猛烈抨击。

黄宗羲论文主张言之有物，反对那些"徒欲激昂于篇章字句之间，组织纫缀以求胜"，讥刺内容"空无一物"的作品（《陈葵献偶刻诗文序》）。他也反对复古派专求"诗準盛唐，流于剽窃"的作法（《董巽子墓志铭》）。

黄宗羲的传状、碑志文，涉及人物的方面很广，从各种不同的角度反映了明清之际大变动的社会面貌。他身为史学大家，对明朝历史典故极为熟悉，且多身历见闻，又善于叙事，故写来都逼真传神。其中尤着力表彰忠臣义士的坚定节操和壮烈行为。张煌言坚持抗清19年，不幸被俘，从容就义；陆宇燨12年保藏义士头颅；明末遗民余若水隐姓埋名，清苦自持；周难一投老穷荒，"出没瀑声虹影之间"，黄宗羲都为他们写墓志。在《子刘子行状》中，对刘宗周诤臣兼学者的形象，倔强鲠直的性格，刻画得很成功。明末东林、复社的反宦官斗争，南明政权内部抵抗派和投降派

的斗争，也得到了深刻的反映。

黄宗羲诗的成就不及散文，但也留下了一些可诵之作。他的诗直抒胸臆，不事雕饰，多故国之悲，怀旧之感。如《感旧》的"可怪江南营帝业，只为阮氏杀周镳"，讽刺了南明弘光朝的马士英、阮大铖的倒行逆施。《山居杂咏》中："锋镝牢囚取次过，依然不废我弦歌。死犹未肯输心去，贫亦其能奈我何？"充分表现诗人对抗逆境的顽强意志和乐观精神。

著作有《明儒学案》《宋元学案》《明夷待访录》《律吕新义》《易学象数论》《黄梨洲文集》《黄梨洲诗集》《行朝录》等。

# 侯方域

中国清代文学家。字朝宗。河南商丘人。明末诸生。时人以他

和方以智、冒襄、陈贞慧为"四公子"。入清以后，于顺治八年（1651）应河南乡试为副贡生。侯方域擅长散文。他提倡学习韩愈、欧阳修，尊唐宋八大家，以写作古文雄视当世。他早期所作华藻过甚、功力犹不深。后来日臻妙境，时人以侯方域、魏禧、汪琬为"国初三大家"（宋荦《三家文钞序》）。其作品有人物传记，如《李姬传》写品行高洁、侠义美慧的李香君，写反面人物阮大铖，有声有色，形象生动；《马伶传》写伶人刻苦学艺故事，情节曲折，精神感人，均有唐代传奇笔法，具有短篇小说特点。有论文书信，如《癸未去金陵日与阮光禄书》《答田中丞书》《朋党论》《王猛论》等，或痛斥权贵，或直抒怀抱，都能显示出他的散文具有流畅恣肆的特色，尤其是《与阮光禄书》，洋洋洒洒，词严气盛，挥斥鞭辟，颇能感人。侯方域也能诗，但成就总体上不如散文突出。著有《壮悔堂文集》10卷、《补遗》1卷、《四忆堂诗集》8卷。

# 魏　禧

中国清代散文家。字冰叔，又字叔子，号裕斋。宁都（今属江西）人。卒于扬州。明末诸生，明亡后隐居翠微峰，所居之地名勺庭，人又称他为"勺庭先生"。康熙间，举博学鸿词，不应。魏禧的文章有凌厉雄杰、刚劲慷慨之气。内容多表彰民族节义人事，叙事简洁，又善议论。清初，人称魏禧、侯方域、汪琬为"散文三大家"。其史论如《隽不疑论》《蔡京论》《续续朋党论》等，善评古人的是非得失与成败。传记如《江天一传》《刘文炳传》《朱参军家传》《邱维屏传》《大铁椎传》等，文笔简练，叙事如绘。此类文章大多表彰志节之士，显示出强烈的民族意识。其散文长于议论、叙事，"踔厉森峭而指事精切"（宋荦《三家

文钞序》），但也有轻率速成之作，流于庸滥。魏禧也能诗，有沉郁雄健之气，如《卖薪行》《出廓行》《入廓行》《从征行》《孤女行》等篇，显示出作者对世事的沉痛感触。著有《魏叔子文集》22卷、《诗集》8卷等。

# 汪琬

中国清初散文家。字苕文，号钝庵，晚号钝翁，晚年隐居太湖尧峰山，学者称尧峰先生。长洲（今江苏苏州）人。顺治十二年（1655）进士，曾任户部主事、刑部郎中等。后因病辞官归家。康熙十八年（1679），召试博学鸿词科，授翰林院编修，预修《明史》，旋乞病归。汪琬与侯方域、魏禧合称清初"散文三大家"。他的散文疏畅条达。他主张才气要归于节制，以呼应开阖，操纵顿挫，避免散乱。所谓"扬之欲其高，敛之欲其深"（《答陈霭公书二》）。他反对"以小说为古文辞"，认为"既非雅驯，则其归也，亦流于俗学而已矣"（《跋王于一遗集》）。这种观点，偏于正统。他的文风，一般论者以为受欧阳修的影响，而近于南宋诸家。计东为作《生圹志》，则以为"若其文章，溯宋而唐。明理卓绝，似李习之（翱）；简洁有气，似柳子厚（宗元）"。《陈处士墓表》《尧峰山庄记》《绮里诗选序》《江天一传》《书沈通明事》等文是其代表作。汪琬性狷急，又好诋诃他人之短，故其为文稍涉尖刻，并尝自谓有"刚褊多忤，好辩多言"之病。汪琬亦能诗，以清丽为宗，成就及影响不如其文。著有《钝翁类稿》62卷、《续稿》56卷。晚年自删为《尧峰文抄》50卷，包括诗10卷、文40卷。

# 方苞

中国清代散文家、经学家。字凤九，一字灵皋，号望溪。桐城（今属安徽）人。康熙四十五年（1706）贡士，以母病未仕。五十年（1711）以戴名世《南山集》案被牵入狱。赦出后入直南书房。雍正时，累官翰林院侍讲学士、内阁学士兼礼部侍郎。乾隆时，任礼部右侍郎、经史馆总裁等职。方苞是清代桐城派散文的创始人，论文尊崇唐宋散文。提倡写古文要重"义法"。提出文章要重"清真雅正"和"雅洁"，他说古文中"不可入语录中语，魏晋六朝人藻丽俳语，汉赋中板重字法，诗歌中隽语，《南、北史》佻巧语"（沈莲芳《书方望溪先生传后》）。其散文，以所标"义法"及"清真雅正"为旨归。所著读经、子、史诸札记，

以及《汉文帝论》《李穆堂文集序》《书卢象晋传后》《左忠毅公逸事》《与李刚主书》《孙征君传》《万季野墓表》《游潭柘记》等，都写得简练雅洁有断制，没有枝蔓芜杂的毛病，开创清代古文的新面貌。但感情比较淡泊，形象性不强，气魄不够宏大。有些作品如《狱中杂记》，反映了封建司法制度和监狱管理的残酷与黑暗；《送冯文子序》《送吴平一舅氏之巨鹿序》《请定征收地丁银两之期剳子》《请备荒政兼修地治剳子》，反映了一些州县吏治黑幕及民生疾苦，较有现实意义。著有《望溪先生文集》18卷、《集外文》10卷、《集外文补遗》2卷。

# 刘大櫆

中国清代散文家。字才甫，一字耕南，号海峰。桐城（今属安徽省）人。乾隆时曾举博学鸿词科和经学科的荐举，皆落选。刘大櫆是桐城派散文代表作家之一。提倡古文，师事方苞。所著《论文偶记》一书，在方苞义法论基础上，进一步探求文章的艺术性。他极重文的"神气"，认为："神气者，文之最精处也；音节者，文之稍粗处也；字句者，文之最粗处也。"认为"学者求神气而得之于音节，求音节而得之于字句，则思过半矣"（《论文偶记》）。世称为"因声求气"说。在桐城派中，刘大櫆文比较喜欢铺张排比。辞藻气势，较方苞、姚鼐为盛，而雅洁淡远则不如。《观化》《息争》《焚书辨》《书荆轲传后》《海舶三集序》《马湘灵诗序》《送姚姬传南归序》等，可以代表他的文章风格。《黄山记》《游浮山记》以刻画景物的详细具体和篇幅长大取胜，为方苞、姚鼐文中所未见。其诗宗唐人，能融诸家为一体。著有《海峰先生集》，包括文10卷、诗6卷，又有《论文偶记》1卷。

# 姚 鼐

中国清代散文家。字姬传、梦毂、稽川，室名惜抱轩，人称惜抱先生。桐城（今属安徽）人。乾隆二十八年（1763）进士，曾任刑部郎中，充山东、湖南乡试考官，会试同考官。姚鼐继承同乡方苞、刘大櫆、姚范的古文之学，成为桐城派散文的集大成者。与方苞、刘大櫆并称"桐城派三祖"。他的文章从方苞、刘大櫆、归有光，上溯于唐宋八大家，而与欧阳修、曾巩之文相近，简洁清淡，纡徐要眇，雍容和易，一如其人，在桐城派诸家中，最富情韵，偏于"阴柔"之美。议论文如《伍子胥论》《李斯论》《贾生明申商论》，序跋如《老子章义序》《海愚诗钞序》《荷塘诗集序》《刘海峰先生八十寿序》，书信如《答翁学士书》《复汪进士辉祖书》《复鲁絜非书》，记传如《登泰山记》《朱竹君先生传》《袁随园君墓志铭》，都可以看出他文章的风格。他文章的缺点是气力不能健举，规模不够阔大。其诗有清拔淡远之致，尤工近体，但为文名所掩。《岁除日与子颖登日观观日出作歌》《河上杂诗》《金陵晓发》《岳州城上》《山行》《南昌竹枝辞》《出池州》等，皆富有韵味。著有《惜抱轩全集》88卷，包括文集16卷、后集10卷、诗集10卷、后集1卷、外集1卷。所选《古文辞类纂》《五七言今体诗钞》，世以为精当，为学者范本，唯前者流传更广。

《行书七言诗》轴

# 章学诚

清代史学家、文学家。字实斋。会稽（今浙江绍兴）人。乾隆四十三年（1778）进士，官国子监典籍。曾主讲定州定武、保定莲池书院，并为南北方志馆主修地方志。

章学诚倡"六经皆史"之论，治经治史，皆有特色。所著《文史通义》共9卷（内篇6卷，外篇3卷），是清中叶著名的学术理论著作。其中《文德》《文理》和《史德》等篇中涉及文学理论见解最多。他反对"桐城派"的专讲"义法"，袁枚的专讲"性灵"。他在《文德》《与朱少白论文》中，认为作文要"修辞立诚"，要"主敬"，所谓"敬"，就是态度要严肃；"论古必恕"，就是从事批评应该设身处地，知人论世，通情达理。在《文理》中，认为"是以学文之事，

可授受者规矩方圆，其不可授受者心营意造"。强调"读书养气之功，博古通经之要，亲师近友之益，取材求助之方"才是论文的前提。着重批评了舍本逐末的"文法论"。在《史德》中，认为"气昌而情挚"，才是"天下之至文"。在《答沈枫墀论学》中，提倡"文贵发明"（亦即是要有创新），"亦期用世"。在《古文十弊》中，反对"不达时势""画蛇添足""优伶演剧""削足适履"等等不良文风。这些都具有针砭时弊的作用。所作的文章也疏畅条达，以议论胜。

《文史通义》有近人叶长青注本。另有《校雠通义》4卷，《方志略例》2卷，《文集》8卷，《外集》2卷，《湖北通志检存稿》4卷及《未成稿》1卷，《外编》18卷等，均收入吴兴嘉业堂刊本《章氏遗书》。

## 汪中

中国清代学者、骈文家。字容甫。江都（今属江苏）人。乾隆四十二年（1777）贡生，以母老不赴朝考，绝意仕进。汪中私淑顾炎武。为经世致用之学，在哲学、史学、文学方面都有一定成就。所作骈文，在清代骈文中被誉为格调最高。抒情骈文善于"状难写之情，含不尽之意"（李详《汪容甫先生赞序》），如《经旧苑吊马守真文》《狐父之盗颂》《黄鹤楼铭》《汉上琴台之铭》《先母邹孺人灵表》《广陵对》《自叙》等篇，无论叙事抒情，都能吸收魏晋六朝骈文之长，写得情致高远，意度雍容，而且用典属对，精当贴切。他的论学著作或阐明古书通例，如《释三九》；或纠弹理学谬误，如《大学平义》；或表章周秦诸子之学，如《墨子

序》《荀卿子通论》，都是博学深思、独具卓见之作。王引之《汪中行状》总评其文说："陶冶汉魏，不沿欧、曾、王、苏之派，而取则于古，故卓然成一家言。"著有《述学》6卷、《广陵通典》10卷、《容甫遗诗》6卷。近人古直选其若干骈文作注，名《汪容甫文笺》，有人民文学出版社本。

## 张惠言

中国清代散文家、词人、经学家。原名一鸣，字皋文。武进（今江苏常州）人。嘉庆四年（1799）进士，改庶吉士，授翰林院编修。张惠言早工骈文辞赋。其文受桐城派刘大櫆弟子王灼、钱伯坰的影响，与同里恽敬共治唐、宋古文，欲合骈、散文之长以自鸣，开创阳湖派。所作如《游黄山赋》《赁春

赋》《邓石如篆势赋》《送恽子居序》《词选序》《上阮中丞书》等，或恢宏绝丽，或温润朴健，气格颇为笃茂。张惠言又是常州词派的开创者。他强调词作应该重视内容，"意内而言外"，"意在笔先"。其词现存46首，其中多思乡、念别、言情和写景之作，数量不多而颇有佳构。作品语言清丽，韵律和谐，委婉而含蓄，形成了一种沉郁凄怆、深美闳约的风格，堪为一代词宗。但所作题材较窄，某些作品用语晦涩，是其一病。代表作有〔木兰花慢〕《杨花》等。著有《茗柯文》9卷、《茗柯词》1卷等。张惠言又是清代的著名经学家。经学论著有《周易虞氏义》《虞氏消息》等20余种。

# 沈 复

中国清代散文家。字三白，号梅逸。长洲（今江苏苏州）人。他一生长期作幕僚，奔走南北，游历过许多地方。代表作为《浮生六记》。《浮生六记》是自传体的散文。原有六记：《闺房记乐》《闲情记趣》《坎坷记愁》《浪游记快》《中山记历》《养生记道》。今存前四记。作者以淳朴的文笔，记叙自己大半生的经历，欢愉处与愁苦处两相对照，真切动人。书中描述他和妻子陈芸志趣投合，伉俪情深，愿意过一种布衣蔬食而从事艺术的生活，由于封建礼教的压迫与贫困生活的煎熬，终至理想破灭，经历了生离死别的惨痛。作者继宋代李清照《金石录后序》及明代归有光《项脊轩志》之后，在《浮生六记》中以较长的篇幅记述了夫妇间的家庭生活，在中国古代文学作品中实属稀见。书中对山水园林、饮食起居均有独到的评述。此书有多种版本，以俞平伯校点本（1923年朴社出版，1980年人民文学出版社重新排印）为佳，附有《浮生六记年表》。

## 阮 元

清代学者、文学家。字伯元，号芸台。仪征（今属江苏）人。乾隆五十四年（1789）进士，选庶吉士，授翰林院编修，直南书房；历官山东、浙江学使，迁兵部、礼部、户部侍郎。嘉庆时，先后任湖广、两广、云贵总督。道光时，入朝为协办大学士、大学士，加太子太保，进太傅。死后谥文达。

阮元提倡朴学，曾在杭州创"诂经精舍"，在广州创"学海堂"，培植、罗致学者编书。他精研《文选》之学，曾作《文言说》，提出"以用韵比偶之法，错综其言"，方可以称"文"；散体文的"单行之语"，乃是"直言之言，论难之语"，不得名为"文"。实际上是鼓吹骈文。其同里后学刘师培宣扬其说，章炳麟则斥为"反覆自陷，可谓大惑不解者"（《国故论衡·文学总略》）。阮元所作碑铭记传、论说考据等散体文，以及骈文如《学海堂集序》等都写得渊懿闲雅，有深纯自得之概。诗多记游题咏之作，写得工整清丽，但缺少现实意义。他的诗文都表现一种学者兼达官的华贵气派。

阮元在经籍训诂之外，还研究天文、历算、地理等学，著述颇丰。有《十三经注疏校勘记》《经籍籑诂》《畴人传》以及《积古斋钟鼎彝器款识》等书；创编《国史·儒林、文苑》传；诗文集为《揅经室集》，包括文集4编29卷，诗集12卷，续集11卷，外集5卷。另外，还有《诂经精舍文集》14卷。

# 管 同

中国散文家。字异之。江宁上元（今南京）人。清道光五年（1825）中举。曾入安徽巡抚邓廷桢幕，终身未仕。与同乡梅曾亮都是姚鼐弟子，论学为文一遵姚氏轨辙，史称"鼐门下著籍者众，唯同传法最早"（《清史稿》）。梅曾亮即受管同影响，才改习古文。然管同颇能自立，往往直言姚氏所失，曾自叹不得复见其师而更正之（《读六韬》）。张舜徽说他"虑周思密，发昔人所未发。疑古之识，殆欲度越其师"（《清人文集别录》）。所为文章，长于议论，时有卓见。他本有志经世，然会试不中，胸怀所蓄，抒发为文。撰《拟言风俗书》《拟筹积贮书》《禁用洋货议》等文，纵论天下大计，指陈弊端，颇中肯綮，时具远识，皆传诵一时。文风偏重阳刚之美，特贵宏毅，"师姚先生之文而不袭其派"（邓廷桢《因寄轩集序》）。但成就不及梅曾亮。

管同亦能为诗词，有《因寄轩诗集》和《皖水词存》等，俱未刊行，仅散见于《晚晴簃诗汇》等总集所录。殁后一年，邓廷桢为其刻《因寄轩文集》初集10卷，二集6卷，补遗1卷。有光绪五年（1879）重镌本。

# 梅 曾 亮

中国散文家。字伯言。江苏上元（今南京）人。道光二年（1822）进士。授知县不就，游幕讲学于苏、皖。道光十二年（1832）复入都，改官户部郎中。二十九年（1849）告归，主讲于扬州书院。太平军攻占南京后，辗转至清江，馆于江南河道总督杨以增署。少好骈文，18

岁入钟山书院，得桐城派创始人姚鼐亲传，又受同学管同之劝，转而致力于古文，与管同、方东树、刘开并称"姚门四杰"。居京师近20年，文名颇盛，大有继姚鼐之后主持桐城派门户之势。治古文者多从之问义法，对桐城派流播到各地起重要作用。梅曾亮处于清王朝由盛转衰的嘉庆、道光之际，曾提出"文章之事，莫大乎因时"(《答朱丹木书》)，但主要指反映"一时朝野之风俗好尚"(同上)，而看到日益激化的社会矛盾，仍"以昌明道术，辨析是非治乱为己任"(《上汪尚书书》)。所以一些论及时政之文如《民论》等，多"穷极奸民之害，左道乱政之烈"。鸦片战争时所作《与陆立夫书》和《王刚节公家传》等，反映抗英斗争，颂扬爱国将领，尚可称佳。艺术成就较高的还是传人、记游之作。《游小盘谷记》和《钵山余霞阁记》等，写景状物，曲尽

其妙，明净隽永。在姚门弟子中，其文风最接近姚鼐。他称赞陈用光之文"扶植理道，宽博朴雅"，"不为熊熊之光，绚烂之色，而静虚澹淡"(《太乙舟山房文集序》)，这些其实也是他文风的特点，唯笔力稍弱。亦能诗，多感怀身世，风格精洁古劲。著有《柏枧山房文集》19卷，《柏枧山房诗集》12卷。

# 龚自珍

中国思想家、文学家。字尔玉，又字璱人；更名易简，字伯定；又更名巩祚，号定盦，又号羽琌山民。浙江仁和（今杭州）人。出身于世代官宦学者家庭。龚自珍自幼受母亲教育，好读诗文。8岁起习研经史、小学。12岁从段玉裁学《说文》。早年所作诗、文、词已显出文学才华。嘉庆二十三年（1818）应浙江乡试，始中举。次年应会试落选，二十五年（1820）开始入仕，为内阁中书。此前，他曾从刘逢禄学习《公羊传》，写出《明良论》《乙丙之际箸议》《尊隐》《平均篇》等政论文。道光九年（1829），第六次会试，始中进士，时年38岁。在此期间，仍为内阁中书。道光十五年（1835），迁宗人府主事。改为礼部主事祠祭司行走。

两年后，又补主客司主事。48岁，辞官南归（道光十九年，1839）。50岁，暴卒于丹阳云阳书院。

**思想** 龚自珍生活在清王朝逐渐走向没落的时期，国内矛盾日益尖锐，外国侵略势力不断加深。他是一个近代资产阶级改良主义的启蒙思想家，主张改革腐朽现状和抵抗外国资本主义侵略。最初接受的是以戴震、段玉裁、王念孙、王引之为代表的正统派考据学。30岁前后，开始严厉批判并最终坚决抛弃了正统派考据学，而接受今文经学《春秋》公羊学派的影响。但他也肯定考据学有用的部分；同时也批判今文经学杂以谶纬五行的"恶习"，主张"经世致用"。他的思想总体而论比较复杂，有时充满矛盾。

在政治上，龚自珍主张"更法"，反对恪守祖宗成法。指出清朝表面上文恬武嬉，繁华兴盛，实际已进入衰世。认为有清以来，皇权太重，造成臣子的奴性。抨击晋升官职论资排辈，人才流散四方。

提出厚俸养廉，科举增设策论，晚年更主张改革内阁制度。

在哲学上，他虽然批判了神秘的阴阳、五行说和天人感应说，认为天象皆有一定规律，但又相信天有意志，并肯定鬼神的存在；他强调"人"的作用，坚决否定"圣人"和天理创造和主宰世界的论调，但又错误地认为包括自然界和人类社会在内的宇宙间的一切都是"人"的自我创造。在认识论上，他把"知"与"觉"截然分开，认为"知"是对客观具体事物的认识，是"有形"的；"觉"是先验的认识，是"无形"的。他批判先验的性善论，以为人性无善恶，善恶是后天环境造成的。这一思想后来未能贯彻到底，而与"佛性"混为一谈。龚自珍注重《周易》的穷变通久论和《公羊》"三世"变易观，认为社会历史不是凝固不变的，而是循着据乱世—升平世—太平世，或治世—衰世—乱世的轨道而不断地变化。但他把社会历史的变化只看作是"渐"变，而且是"初异中，中异终，终不异初"的单纯循环。

在经济上，他在《平均篇》中认为官吏和商人超越本分攫取大量社会财富，是造成贫富不均的根源，主张按照封建等级制度规定人们占有社会财富的份额。在《农宗》篇中，他提出在农村建立以血缘关系为纽带的"农宗"制度，把农村中的社员分为"大宗""小宗""群宗""闲民"4个等级。主张实行宗法受田制，按宗法分田：

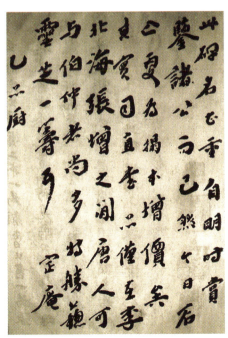

龚自珍手迹

大宗百亩，小宗、群宗二十五亩，其余闲民为佃农。这一土地方案，含有抑制大地主大商人兼并土地的意思。但他在《农宗答问第一》及《农宗答问第四》中又肯定大地主的地位。龚自珍的"农宗"方案，实际是自然经济的模式。主张大宗以其农副产品与所需要的工业品实行物物交换。他还主张实行长子继承制，认为只有长子继承"百亩"之田，才不会导致"数分则不长久"的后果。他主张和外国进行有益的通商，严格禁止奢侈品的输入。

他还研究地理学，特别致力于当代的典章制度和边疆民族地理，撰《蒙古图志》，完成了十之五六；写《西域置行省议》和《东南罢番舶议》，主张抵抗外国资本主义侵略和巩固西北边疆。后来更主张严禁鸦片，坚决抵抗英国侵略者，并驳斥了僚吏、幕客、游客、商贾、绅士等各式投降派的有害论调。

他继承章学诚"六经皆史"的观点，但更扩大、通达、完整。他把古代一切历史文化的功罪完全归结到史官，并以当代史官即历史家自任。他认为史官之所以可尊，在于史官能站得高，从全面着眼，进行客观的、公正的现实政治社会的批判。这实际是要使历史和现实政治社会问题即"当今之务"联系起来，应用《春秋》公羊学派变化的观点、发展的观点，在"尊史"的口号下，对腐朽的现实政治社会做全面的批判。

**文学创作** 龚自珍的文学创作，表现了前所未有的新特点。他认为文学必须有用。指出儒学、政事和诗文具有共同目的，就是"有用"。认为诗和史的功用一样，都在对社会历史进行批评，文章、诗歌都和史有源流的关系。

龚自珍的诗绝少单纯地描写自然景物，而总是着眼于现实政治、社会形势，发抒感慨，纵横议论。他从15岁开始诗编年，到47岁，共有诗集27卷。今存600多首，绝大部分是他中年以后的作品，主要内容是"伤时""骂坐"。道光五年（1825）的一首《咏史》七律是这类诗的代表作。诗中咏南朝史事，感慨当时江南名士慑服于清王朝的险恶统治，庸俗苟安，埋头著书，"避席畏闻文字狱，著书都为稻粱谋"。诗末更用田横抗汉故事，揭穿清王朝以名利诱骗文士的用心："田横五百人安在，难道归来尽列侯？"晚年在著名的《己亥杂诗》中，不仅指出外国资本主义势力对中国的侵略和危害、统治阶级的昏庸堕落，而且也看到人民的苦难，表示深切的同情和内疚。

其抒情诗表现诗人深沉的忧郁感、孤独感和自豪感。如道光三年（1823）的《夜坐》七律二首，"一山突起丘陵炉，万籁无言帝座灵"，在沉寂黑夜的山野景观中，寄托着诗人清醒的志士孤愤，抒发对天下死气沉沉的深忧。他常常用"剑"和"箫"、"剑气"和"箫心"寄托思想志向。"一箫一剑平生意，负尽狂名十五年"（《漫感》），"少年击剑更吹箫，剑气箫心一例消"（《己亥杂诗》），对于自己的志向抱负不能实现，深为苦闷。

龚自珍诗的特点：①政论、抒情和艺术形象的统一。他的许多诗既是抒情，又是议论，但不涉事实，议论亦不具体，只是把现实的普遍现象提到社会历史的高度，提出问题，抒发感慨，表示态度和愿望。他以政论作诗，但并不抽象议论，也不散文化。②丰富奇异的想象，构成生动有力的形象。在他的诗中，"月怒""花影怒""太行怒""太行飞""爪怒""灵气怒"等，习见的景物变得虎虎有生气，动人耳目，唤起不寻常的想象。又如《西郊落花歌》描写落花，使引起伤感的衰败景物变为无比壮丽的景象，更高出寻常的想象之外。"落红不是无情物，化作春泥更护花"（《己亥杂诗》），则从衰败中看出新生。"天命虽秋肃，其人春气腴"（《自春徂秋，偶有所触，得十五首》），从没落的时代中，也看到新生的一面。③形式多样，风格多样。诗人运用古典诗歌多种传统形式，自杂三四言，至杂八九言，皆用之。写得多的还是五七言古体诗，七言的近体诗，而以七言绝句为大宗。一般趋向不受格律束缚，自由运用，冲口而出，以七言绝句表现得最突出。作于道光十九年（1839）的《己亥杂诗》315首，独创性地运用七言绝句的形式，内容无所不包，旅途见闻以及生平经历和思想感情的发展变化，历历如绘，因而成为一种自叙诗的形式，可以作为一首诗读。由于作者充分地、富于创造性地运用，使七言绝句成为一种最轻巧、最简单、最集中的描写事物、表达思想感情的形式。复杂深刻的思想内容，多种多样的语言形式，是龚诗风格多样化的基础。"从来才大人，面貌不专一"（《题王子梅盗诗图》），诗人是以风格多样化自勉和自许的。他的古体诗，五言凝练，七言奔放；近体诗，七言律诗含蓄稳当，绝句则通脱自然。④语言清奇多彩，不拘一格，有瑰丽，也有朴实；有古奥，也有平易；有生僻，也有通俗。一般自然清丽，沉着老练，有杜韩的影响，有些篇章由于用典过

繁或过生，或含蓄曲折太甚，也不免有艰深晦涩的缺点。

其文名在当时高于诗名，也更遭到一般文士的非议，目为禁忌，不敢逼视。除几组学术论文外，重要的部分是不同形式的政论文。有些"以经术作政论"，"往往引公羊义讥切时政，诋排专制"（梁启超《清代学术概论》）。这些文章都是用《春秋》公羊学派的观点与现实的政治联系，引古喻今，以古为用。如《乙丙之际箸议七》《乙丙之际箸议九》《尊隐》等，都是公羊"三世说"的运用。有些则是直接对清王朝腐朽统治的揭露和批判，如《明良论》；以及各种积极建议的篇章，如《平均篇》《西域置行省议》《对策》《送钦差大臣侯官林公序》等。另一类是讽刺性的寓言小品，如《捕蜮》和《病梅馆记》等。还有许多记叙文，记人、记事、记名胜、记地方，如《杭大宗逸事状》《书金伶》《王仲瞿墓志铭》《书居庸关》《己亥六月重过扬州记》等，内容不同，都富有现实

意义。龚文的表现方法也很特殊。一般很简单，而简括中又有铺叙夸张，有的直率，有的奇诡。他的散文语言活泼多样。有的散行中有骈偶，有的瑰丽，有的古奥，甚至偏僻、生硬、晦涩。龚文区别于唐宋和桐城派的古文，是上承先秦两汉古文的一个独特的发展，开创了古文或散文的新风气。

龚自珍的词也很著名。谭献认为龚词"绵丽沈扬，意欲合周、辛而一之，奇作也"（《复堂日记》二）。实际上，他的词没有摆脱传统词的影响，偏重于词的言情本性。他也写了一些抒发感慨怀抱的词，如〔鹊踏枝〕《过人家废园作》抒发孤独而自豪的感情；〔凤凰台上忆吹箫〕《丙申三日》写与庸俗文士的矛盾和理想不能实现的感慨；〔浪淘沙〕《书愿》写愿望，略同《能令公少年行》；〔百字令〕《投袁大琴南》写与袁琴南儿时同上家学的情景；〔湘月〕《壬申夏泛舟西湖》写思想上剑气和箫心的矛盾，有志于作为，又思退隐，留恋山水。但龚词大部分还是消闲之作，抒写缠绵之情，成就远逊于诗。晚年他发现自己词的缺点："不能古雅不幽灵，气体难跻作者庭。悔杀流传遗下女，自障纨扇过旗亭。"（《己亥杂诗》）他所谓气体，就是风格，自知缺乏现实社会内容。

**本集和版本** 龚集传世版本甚多，最初有《定盦文集》3卷、《余集》1卷，附《少作》1卷，道光三年自刻本。《己亥杂诗》亦有道光十九年自刻本。龚自珍去世后第二年，魏源所辑《定盦文录》12卷，又考证、杂著、诗词12卷（《定盦文录叙》），无刻本。后有《定盦文集》3卷、《续集》4卷，同治七年吴煦刻本。

今有上海商务印书馆《万有文库》排印《定盦文集》4册，涵芬楼影印《定盦文集》3册，均吴煦本。光绪以来至清末，传本益多，有光绪十二年朱之榛《定盦文集补编》4卷；以"全集"名者，有光绪二十三年万本书堂刻本《龚定盦全集》；有宣统元年国学扶轮社排印本《精刊龚定盦全集》；有宣统元年邃汉斋校订时中书局排印本《校订定盦全集》10卷；有宣统二年扫叶山房石印本《定盦全集》等。民国以后，有1935年上海襟霞阁本《龚定盦全集》；1935年王文濡编校、国学整理社本《龚定盦全集》；1937年夏同蓝编世界书局本《龚定盦全集类编》等。1959年王佩玲校中华书局上海编辑所本《龚自珍全集》，此本基本上参照邃汉斋校订本编例，分为11辑，第1至第8辑为文，第9、10辑为诗，第11辑为词。

# 林 纾

中国文学家、翻译家。原名群玉，字琴南，号畏庐，别署冷红生，晚号蠡叟、补柳翁、践卓翁等。福建闽县（今福州）人。少时家贫，借书苦读，博学强记，能诗、能文、能画，有狂生称号。1882年中举。考进士屡试不中，一生以教学、著译及售画为业。1901年入京，任金台书院、五城学堂等校教习，兼京师大学堂译书局译席。1906年，为京师大学堂教员。京师大学堂改名北京大学后，仍主文科讲席。1913年，因不满大学内章炳麟门人批评桐城派，与文科学长姚永概一同辞职。后任教于北京正志学校、孔教大学。中年以后接受维新思潮，曾与陈衍等上书，抗议签订《马关条约》。维新运动时期所作《闽中新乐府》32首，抒

击弊政败俗。他宣传开民智、兴女学、教儿童。辛亥革命后，见政局混乱，转而怀念光绪维新，曾11次叩谒光绪帝陵墓，政治和文化思想转向保守。

林纾诗宗宋人，画擅山水。他最推重自己的古文，甚至因康有为赠诗称赞其译著、不谈其古文而不满。他曾得到吴汝纶的推许，与吴氏弟子马其昶、姚永概等声气相通，标榜桐城派。他的古文不似桐城派拘谨平顺，而以传人叙事、写景抒情见长，有小说的笔法和诗画的意境。如《冷红生传》《先姚事略》《苍霞精舍后轩记》《赵聋子小传》等，都刻画细微，情韵悠远，清劲婉媚，生动感人。他的《畏庐文集》，于闲漫细琐之处曲曲传情，与归有光文相近。清末文界革命兴起后，他试图"力延古文之一线，使不至于颠坠"（《送大学文科毕业诸学士序》）。1917 年，《新青年》提倡以白话代文言，林纾撰《论古文之不当废》；又致信北京大学校长蔡元培，讥讽白话文为"引车卖浆之徒所操之语""京津之稗贩，均可用为教授矣"（《答大学堂校长蔡鹤卿太史书》），成为新文学运动的反对者。

林纾主要成就在于翻译外国文学。其译作始于光绪二十三年（1897）与王寿昌合译法国小仲马的《茶花女》（中译名《巴黎茶花女遗事》）。此为第一部传入中国的外国爱情悲剧小说，刊行后风行全国。经此鼓舞，他终生不辍，先后与精通英语的魏易、曾宗巩、陈家麟，与精通法语的王寿昌、王庆通、王庆骥等，合译英、美、法、德、俄、比利时、西班牙、瑞士、希腊、挪威及日本 11 个国家 100 余位作家的作品 180 余种，刊行 160 余种。其中，除几种学术著作外，均为小说；莎士比亚和易卜生的剧作也被译为故事，世称"林译小说"。有 40 余种属名著或名家作品，如狄更斯、莎士比亚、司各特、托尔斯泰、雨果、巴尔扎克、萨维德拉等人的作品，其中许多作品至今尚无再译版本。

林译小说的译笔向来为人称道。林纾不通外语，译作全为他人口述、由他笔记译意，因而难免漏译和误译。但他译书速度极快，且能体味捕捉原作的情景、语气，用精洁、隽妙的文言叙事写情，时加润饰，生动活泼，能传达原文的情调和人物神态，即使是很难传达的幽默也能表达出来。小说的结构也按原著分章节，而不用章回体。他往往在序跋中联系中国社会，点明译作的思想启蒙意义。如《黑奴吁天录·跋》，他由美国黑奴的悲惨遭遇，联想到"为奴之势逼及吾种，不能不为大众一号"，呼唤"蠲弃故纸，勤求新学"。在评论所译小说艺术时，他习惯以古文义法为标准，认为"大类吾古文家言"，但也通过比较，指出外国小说的长处。如他称赞狄更斯"扫荡名士美人之局，专为下等社会写照"，善叙"家常平淡之事"(《孝女耐儿传自序》)，认为《史记》中此等笔墨亦不多见，《红楼梦》虽亦"善于体物，终竟雅多俗寡"。因此，虽

然从1913年译完《离恨天》后，其译笔渐显枯涩，但却打破了"中国文学称伯五洲"的陈腐狭隘观念，推动了翻译文学的风气，在清末民初产生过广泛的影响。许多人，包括后来的新文学家，都从林译小说开始了解和借鉴外国文学。

林纾著述甚丰。翻译小说单行本主要由商务印书馆刊行，其他多在《小说月报》《小说世界》上刊载。文有《畏庐文集》《续集》和《三集》。诗有《畏庐诗存》和《闽中新乐府》。创作小说《京华碧血录》《巾帼阳秋》《冤海灵光》《金陵秋》《劫外昙花》5种，短篇小说集《畏庐漫录》《畏庐笔记》《蠡叟丛谈》，笔记《畏庐琐记》《技击余闻》，传奇《蜀鹃啼》《合浦珠》《天妃庙》等。还有古文研究著作《韩柳文研究法》《春觉斋论文》及《左孟庄骚精华录》《左传撷华》等。

# 严 复

近代思想家、文学家、翻译家。初名传初；改名宗光，字又陵；后又改名复，字几道；晚年号愈野老人，别号尊疑，又署天演哲学家。福建侯官（今福州市）人。

**生平** 严复14岁父死，以第一名考入福州造船厂附设海军求是堂艺局即船政学堂，学习航海术及近代数、理、化等科学知识。19岁以最优等毕业，派往建威练船练习，次年改派扬武舰。光绪三年（1877）被派往英国留学，入格林尼茨海军大学。当时他的兴趣已转向研究西洋政治制度和学术思想，常同驻英国大使郭嵩焘讨论中西学术和政治制度的异同。光绪五年毕业回国，任福州船政学堂教习。次年，直隶总督李鸿章在天津创办北洋水师学堂，调他任总教习，光绪十六年，升总办。

严复到北洋水师学堂的上一年（1879），日本变法图强，吞并中国属国琉球。他看到清朝的政治腐败，常对人说："不三十年，藩属且尽"（王遽常《严几道年谱》）。光绪二十年（1894）中日甲午战争后，严复受中国危亡时局的刺激，在天津《直报》上发表《论世变之亟》《原强》《救亡决论》《辟韩》，强烈地宣传"尊民叛君，尊今叛古"（蔡元培《五十年来中国之哲学》）的理论，成为维新运动的重要理论家之一。这时期，他直接参与维新运动。除发表政论外，光绪二十二年（1896），帮助张元济在北京创办通艺学堂，提倡西学，培养维新人才。次年，和王修植、夏曾佑等在天津创办《国闻报》和《国闻汇编》，通中外之情，提高国人对西洋的认识，以利于推行变法维新。光绪二十四年（1898），王锡蕃推荐严复通达时务，光绪帝在"百日维新"中召见，问他对维新的意见，要他把《上皇帝万言书》

抄呈。不久政变发生，通艺学堂归并京师大学堂，《国闻报》被封，他的《万言书》写不下去了，仍在水师学堂任总办。

从戊戌政变到辛亥革命，严复的生活是不安定的。光绪二十六年（1900），义和团起义，严复慌忙避到上海，从此脱离水师学堂。二十八年（1902），到北京任编译局总办。三十一年（1905），在上海帮助马相伯创办复旦公学。三十四年（1908），到北京任审定名词馆总纂。在这13年中，他的主要工作是翻译，所译计有赫胥黎《天演论》(1896—1898)、亚当·斯密《原富》(1901)、斯宾塞《群学肄言》(1903)、约翰·穆勒《群己权界论》(1903)《穆勒名学》(1903)、甄克斯《社会通诠》(1903)、孟德斯鸠《法意》(1904—1909)、耶方斯《名学浅说》(1909)。

辛亥革命后，从1912年到1916年，即袁世凯任大总统到窃国死去的5年中，严复在袁世凯手下先后任京师大学堂校长、总统府外交法律顾问、约法会议议员、参政员。1915年，袁世凯准备称帝，授意杨度组织筹安会，严复被吸收为发起人之一，不过他没有替袁称帝鼓吹。晚年主要依靠译书的版税为生。

**政治哲学思想**　梁启超说："西洋留学生与本国思想界发生关系者，严复其首也。"(《清代学术概论》)严复以英国留学生而为维新运动的理论家，用资产阶级经典理论作武器，是他胜过其他维新运动者的地方。他在戊戌维新前发表的《救亡决论》里提倡"西学格致"，即提倡科学，认为对于救亡来说，程朱之学"无实"，"徒多伪道"；陆王之学"师心自用"；其他考据、辞章"无用"。在《辟韩》中猛烈攻击君主专制，认为"自秦而来，为中国之君者"，皆"最能欺夺者"，"所谓大盗窃国者"。在谭嗣同《仁学》发表以前，这是对君主专制所做的极猛烈的攻击。严复还用中西事理做比较，有力地用资本主义思想来抨击封建思想，宣传变法救亡的主张。他指出"中之人好古而忽今，西方人力今以胜古；中之人以一治一乱、一盛一衰为天行人事之自然，西之人以日进无疆、既盛不可复衰、既治不可复乱为学术教化之极则"（《论世变之亟》），用力今胜古来反对好古忽今，用进化论来反对循环论。又指出"中国最重三纲，而西人首明平等"，"中国尊主，而西人隆民"（同前），"彼以自由为体，以民主为用"（《原强》），要用自由平等来代替封建思想和专制政治。

到戊戌变法前一年，严复的思想有所后退。在《中俄友谊论》中说："以今日民智未开之中国，而欲效泰西君民并主之美治，是大乱之道也。"他的后退，一方面出于外面的压力。他的《辟韩》发表后，湖广总督张之洞命屠守仁作《辩辟韩书》，在《时务报》上发表，痛骂严复。据传严复将罹不测之祸，经人疏解才罢（王栻《严复传》）。另一方面，严复的思想里本有消极的庸俗进化论。他在《原强》里说："善夫斯宾塞尔之言曰：'民之可化，至于无穷，惟不可期之以骤。'"这种庸俗进化论主张渐变，反对突变，主张改良，反对革命，影响他后来对革命的态度。戊戌政变后，民主革命势力越来越发展，严复在翻译《群学肄言》时，就宣扬改良主义，不赞成革命。到翻译《社会通诠》时，更认为孙中山提倡的民族主义是属于宗法社会的产物，会使中国社会停滞不进。他从先进转到落后，趋向反动了。

**文学创作和理论** 严复在文学方面的成就，主要表现在戊戌维新前后所创作的诗文，突出的是政论文。他的政论文充满激情，如《论事变之亟》，开头说："呜呼，观今日之世变，盖自秦以来，未有若斯之亟也。"在文中揭露顽固派的卑劣灵魂："即或危亡，天下共之，吾奈何令若辈志得而自退处无权势之地乎！"他还用了不少形象性的比喻，像写封建统治者用科举笼络人才，说："吾顿八纮之网以收之，即或漏吞舟之鱼，而已曝腮断鳍，颓然老矣，尚何能为推波助澜之事也哉！"达到了"喻巧而理至"（《文心雕龙·论说》）。吴汝纶称赞严复的文章"往复顿挫，尤深美可诵"（《吴挚甫尺牍·答严几道》）。章炳麟却在《社会通诠商兑》里批评严复的文章："然相其文质，于声音节奏之间，犹未离于帖括。申夭之态，回复之辞，载飞载鸣，情状可见，盖俯仰于桐城之道左而未趋于庭庑者也。"章炳麟批评他的文章还在桐城派的门外是对的。桐城古文对语言的运用有种种限制，力求雅洁，不适于表现当时的新事物。严复的散文突破桐城派的范围，能更好地结合新事物来表达新思想，与八股文的空洞无物不同。至于他的表达手法，"申夭之态，回复之辞，载飞载鸣"，也就是"往复顿挫"，在论文中表达感情，来抒发"讽谕之旨"（章学诚《文史通义·诗教上》），因之"深美可诵"。他不以诗著名，但戊戌政变时所写的诗，也往复顿挫，深美可诵，如《戊戌八月感事》等篇。

严复的文艺论，主张"光景随世开，不必唐宋判"，跟着时代开辟新的光景，不必学唐学宋。"诗中常有人，对卷若可唤"，要写出作家的个性和品格来。"譬彼万斛泉，洄洑生微澜，奔雷惊电余，往往造平淡"，强调要有深厚的内容（《愈野堂诗集·以渔洋精华录寄琥唐山》）。他的诗虽然不能实践他的诗论，但是比较朴实真切，有感情。他在《诗庐说》中说："读者两间至无用之物也……无所可用者，不可使有用，用则失其真甚焉。"主张为艺术而艺术，认为诗不能为其他的目的服务，是片面而不正确的看法。他在《〈天演论〉译例言》里说："译事三难：信，达，雅。求其信已大难矣，顾信矣不达，虽译犹不译也，则达尚焉。"首先提出信、达、雅的翻译准则。但他对于雅，认为"用汉以前字法句法，则为达易，用近世利俗文字，则求达难，往往抑义就词，毫厘千里"。后来又反对梁启超说他的译文"太务渊雅",认为"若徒为近俗之辞,以取便市井乡僻之不学,此文界乃所谓陵迟,非革命也"(分见《新民丛报》第一、七期)。所以到"五四运动"中提出以白话代文言时,他表示反对,以为是"退化","遗弃周鼎,宝此康瓠"(《与熊纯如书札》节抄第64),站到反对"五四"新文化运动一边了。

**翻译** 严复另一方面的突出成就是翻译,他在戊戌维新失败之后,努力译述西方资产阶级思想家的著作,用来表达自己的政治主张和社会思想。在当时发生了极大影响的译著是《天演论》。他在译著中加了不少按语,在《察变》的按语中,提出"物竞、天择二义,发于英人达尔文",介绍了达尔文的进化论。在《趋异》的按语中指出:"资生之物所加多者有限,有术者既多取之而丰,无具者自少取焉而啬。丰者近昌,啬者邻灭",对当时中国的落后贫困会趋向灭亡,给全国人民敲起了警钟。他翻译《原富》,在《斯密亚丹传》中说:"顾英国负虽重,而盖藏则丰,至今之日,其宜贫弱而反富强者,夫非掊锁廓门,任民自由之效欤?"实际是为中国指出用《原

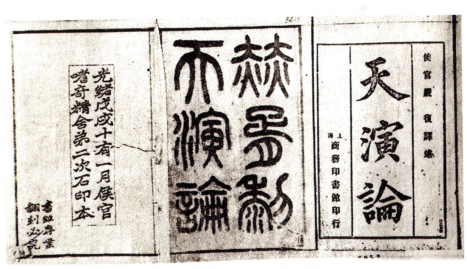

《天演论》(清光绪二十四年石印本)

富》的理论来扭转贫弱而趋富强。这些都是用翻译来为变法图强服务的。他是介绍资本主义学术思想的杰出的翻译家。

严复的译著汇刊为《严译名著丛刊》，自著有《严几道文钞》《愈野堂诗集》。

## 章炳麟

近代思想家、学者、散文家。字枚叔；因仰慕顾炎武（顾初名绛，入清后改炎武），改名绛，别号太炎。浙江余杭人。父章濬，道光二十九年拔贡，长于医，"暇则以诗自娱"（《两浙𬨎轩续录》）。章炳麟从小接受传统的封建教育，自称读了《东华录》和受到外祖父朱有虔讲述明清遗事的影响，"排满之思想，遂酝酿于胸中"（《民国光复》演讲辞），较早孕育民族主义思想。光绪十七年（1891），23岁时，到杭州诂经精舍跟随著名经学家俞樾埋头"稽古之学"，开始以文字学为基点，从训诂、音韵、典章制度等方面阐释儒家经典和先秦诸子。但他并不墨守师承，而是"精研故训，博考事实"。

光绪二十一年（1895）《马关

条约》签订后，在民族危机深重的刺激下，章炳麟走出书斋，参加强学会，编撰《时务报》，赞助维新变法，希望"以革政挽革命"（《论学会有大益于黄人亟宜保护》）。他曾上书李鸿章，企求他能"转旋逆流"（《上李鸿章书》）；又至武昌，帮张之洞办《正学报》，幻想借助他的实力推动变法。不久，"百日维新"夭折，章炳麟避地台湾，东渡日本，虽对康有为、梁启超仍表同情，但亦和孙中山相晤，"相与谈论排满方略，极为相得"（冯自由《中华民国开国前革命史》）。

光绪二十五年（1899），义和团运动掀起。次年，八国联军入侵，进一步暴露了清政府的腐朽无能。章炳麟受到极大震动，在唐才常于上海召开的"国会"上，他激烈反对改良派的"一面排满，一面勤王"，既不承认清政府，又反对拥护光绪皇帝，开始树起反清的旗帜，开始向改良派展开斗争。他针对康有为、梁启超主张君主立宪的保皇论调撰《正仇满论》，公开提出"满洲弗逐，而欲士之争自濯磨，民之敌忾效死，以期至乎独立不羁之域，此必不可得之数也"。又作《驳康有为论革命书》，指出"公理之未明，即以革命明之；旧俗之俱在，即以革命去之。革命非天雄、大黄之猛剂，而实补泻兼备之良药矣"。他把改良派奉为神圣的光绪皇帝斥为"载湉小丑"打击了改良主义，提高了革命思想。在孙中山的支持下，他定期于日本举行"支那亡国二百四十二周年纪念会"，亲拟宣言书，并把《驳康有为论革命书》与邹容的《革命军》合刊，在《苏报》发表。清政府勾结帝国主义，制造"苏报案"，章炳麟被监禁于上海"西牢"。他在狱中宣告"不认野蛮政府"，撰文力言革命之必要，并参加光复会，对革命胜利充满信心。出狱后，在日本主编同盟会的机关刊物《民报》，揭露改良派"污邪诈伪"、志在干禄的丑态，阐扬推翻清朝、"建立民国"的意旨，斥责革命投机分子"自慕虚荣""私心暧昧"的劣迹，在当时起了重大影响。辛亥革命前，章炳麟对敌斗争的英勇，论战文章的犀利，至今犹生气勃勃。这些正是他一生中"最大最久的业绩"。

辛亥革命推翻了清朝，但以妥协而告终。章炳麟和同盟会早有裂痕。南京临时政府成立后，他与立宪党人张謇等组织中华民国联合会，随即改为统一党。不久，袁世凯攘窃国柄，以遂私图，章炳麟大诟袁世凯之包藏祸心，被幽禁三年。释放后，他一度担任孙中山领导的护法军政府秘书长。军政府派系斗争激烈，他不顾孙中山的劝慰，到云南联络唐继尧，又到贵州、四川，后归上海。这时，人民革命运动日渐发展，章炳麟由反对军阀割据逐渐演变为赞成军阀割据，提出"联省自治"的主张。又在国民党右派的怂恿下，反对国共合作。

1931年"九·一八"事变发生，日本帝国主义袭取沈阳，进陷吉林，章炳麟主张抵抗侵略。"一·二八"，日本侵略上海，章炳麟愤怒之下，北上见张学良，又与马相伯等联合宣言，反对日本帝国主义侵占中国东北领土。晚年迁居苏州，创章氏国学讲习所。1935年，"一二·九"运动发生，他又致电宋哲元："学生请愿，事出公诚，纵有加入共党者，但问今之主张如何？何论其平素。"次年病逝。

章炳麟在文学方面是从古文经学家的立场来诠释、评论文学的。他所说的"文章"是广义的，把有形质的、自成首尾的，都叫文章；把有辞藻、有情韵的，则叫"彣彰"（见《国故论衡·文学总略》）。对文章又区分为句读文和无句读文两种。图画、表谱等是"无句读文"。句读文中"赋颂、哀诔、箴铭、占繇、古今体诗、词曲"是有韵文；"学说、历史、公牍、典章、杂文、小说"是无韵文。章炳麟从有形质而自成首尾即为文章这一概念出发，尚质直，重证据，戒空论，反夸饰，认为议论文章要以学问为基础，不能空泛无据，叙述文章要"确尽事状","比类知原",不能以猜测为实事。"凡有句读文,以典章为最著",反映了经学家的治学精神。他以为文章分"雅""俗",质直的辞语叫"俗",有规律的辞语叫"雅"。造辞能表达意旨,叫作"尽俗";"雅"则是文章的最高境界。他反对有意模糊不清和强行润饰的"诡雅异俗"。又以为文章的刚柔,反映了时代的盛衰,如西汉强盛,文章"雄丽而刚劲";东汉少衰,"文辞亦视昔为弱";唐代"国威复振","终有韩(愈)、吕(才)、刘(禹锡)、柳(宗元)之伦,其语瑰玮,其气夔夔,则与西京相依"(《菿汉微言》)。从自己的文章观念出发,他对近代及同时文人如龚自珍、魏源、谭嗣同、黄遵宪、王闿运、康有为等都有所论列(见《与友人论文书》《与邓实书》)。

章炳麟自称,少慕韩愈"造词之则,为文奥衍不驯"。34岁以后,"欲以清和流美自任,读三国、两晋文辞,以为至美,由是体裁初变"(《自述学术次第》)。大抵于论辩之文,尊晚周、魏晋,认为"魏晋之文,大体皆埤于汉,独持论仿佛晚周,气体虽异,而其守己有度,伐人有序,和理在中,孚尹旁达,可以为百世师矣";又认为"晚周之论,内发膏肓,外见文彩,其语不可增损"(《国故论衡·论式》)。他在辛亥革命以前的文章,大都与政治斗争有关,针锋相对,以深厚的学识作革命政论,内容充实,文字锐利,"真是所向披靡,令人神旺"(鲁迅《关于太

炎先生二三事》），如《客帝》《正仇满论》《驳康有为论革命书》《〈革命军〉序》等。但后来追求"流俗或未之好"的"传世"之文，佶屈聱牙，索解为难，每为论者所不满。他在诗赋方面薄唐、宋以降。他的诗作不多，主要是五言诗，以为四言"风雅以后，菁华既竭，惟五言犹可仿为，可用以专写性情"（《自述学术次第》）。但他的古体诗取法汉魏乐府，往往古奥难读。早期有些小诗如《狱中赠邹容》《狱中闻沈禹希见杀》等，以平易的语言抒写革命的友谊和壮怀，颇有震撼人心的力量。

章炳麟于 1914 年手定《章氏丛书》，其中《文始》《新方言》《岭外三州语》《小学答问》《说文部首韵语》是专讲文字音韵的。《国故论衡》的中卷，共 7 篇，专论文学，诸如文学的界说、历代散文和诗词歌赋的优劣等。《太炎文录》则为他的诗文结集，但很多重要政论性文章和函札，每多刊落。1933 年，《章氏丛书续编》出版，收《广泛语骈林》等 7 种，所收不多，且不取旧作。章炳麟逝世后，章氏国学讲习会编印《太炎文录续编》也只掇拾一部分诗文。

# 梁启超

中国思想家、学者，戊戌维新运动领袖之一。字卓如，号任公，别号饮冰室主人。广东新会人。卒于北京。自幼受传统教育，光绪十年（1884）中秀才。1885 年入广州学海堂，治训诂之学，渐有弃八股之志。1889 年中举。1890 年赴京会试，不中。回粤路经上海，看到介绍世界地理的《瀛环志略》和上海机器局所译西书，眼界大开。同年结识康有为，遂投其门下。1891 年就读于万木草堂，接受康有为的思想学说并走上改良维新之路。

1895 年春赴京会试，时值清政

府与日本签订丧权辱国的《马关条约》，群情激愤。梁启超协助康有为，发动在京应试举人联名请愿的"公车上书"，要求清廷拒和、迁都、变法。维新运动期间，梁启超曾主北京《万国公报》(后改名《中外纪闻》)和上海《时务报》笔政，又赴澳门筹办《知新报》。他的许多政论激昂慷慨，文笔流畅，笔锋常带感情，在社会上有很大影响。1897年，应湖南巡抚陈宝箴之邀，就任长沙时务学堂总教习。1898年回京，积极参加"百日维新"。7月3日（五月十五），受光绪帝召见，奉命进呈所著《变法通议》，赏六品衔，负责办理京师大学堂译书局事务。9月，政变发生，东渡日本，一度与孙中山为首的革命派有过接触。在日期间，先后创办《清议报》和《新民丛报》，鼓吹改良，反对革命。1905—1907年，改良派与革命派的论战达到高潮，梁启超作为改良派的主将，遭到革命派的反对。

1906年，清政府宣布"预备仿行宪政"，梁启超立即表示支持，撰文介绍西方宪政，宣传立宪政体。1907年10月，与蒋智由等人在东京建立"政闻社"，并派人回国直接参加立宪活动。由于清政府并不真心实行宪政，梁启超的活动不为清朝统治者所容纳，政闻社也受到查禁而宣告解散。

武昌起义爆发后，他一度宣扬"虚君共和"，企图使革命派与清政府妥协。民国初年又支持袁世凯，并将民主党与共和党、统一党合并，改建进步党，与国民党争夺政治权力。1913年，进步党"人才内阁"成立，梁启超出任司法总长，但因袁世凯帝制自为的野心暴露，梁启超遂反对袁氏称帝。1915年8月，发表《异哉所谓国体问题者》一文，对袁氏意欲复辟帝制的行径进行猛烈抨击，旋与蔡锷密谋，策划武力反袁的护国战争。1916年，梁启超赴两广地区，先后担任护国军两广都司令部都参谋、军务院抚军兼政务委员长等职，为护国运动的兴起和发展，做出了重要贡献。

袁世凯死后，段祺瑞逐渐成为北洋政府的实权人物，梁启超认为"护国"成功，遂主张解散军务院，依附段祺瑞。他拉拢一些政客，组建宪政研究会，与支持黎元洪的宪政商榷会对抗。1917年7月，出任财政总长兼盐务总署督办。段祺瑞对内实行独裁，对外出卖主权，遭到全国民众反对，11月，段祺瑞内阁被迫下台，梁启超也随之辞职，并从此退出政坛。

1918年底，梁启超赴欧，亲身了解到西方社会的许多问题和弊端。同时，马克思主义在中国的传播和工农运动的兴起，也使其深感不安。回国之后，即宣扬西方文明已经破产，主张用东方的"固有文明"来"拯救世界"。

梁启超还是一位著名学者。他学识渊博，在文学、史学、哲学、佛学等领域都有较深的造诣。早年参加文学改良活动，主张文学要反映时代精神。1901—1902年，先后撰写了《中国史叙论》和《新史学》，批判封建史学，发动"史学革命"。欧游归来之后，主要从事文化教育和学术研究活动，写下了《清代学术概论》《中国近三百年学术史》《先秦政治思想史》《中国历史研究法》《中国文化史》等论著。

1920年后，先后在清华学校、南开大学等校执教，并到各地讲学，还担任过京师图书馆馆长、北京图书馆馆长、司法储才馆馆长等职。

梁启超一生著述宏富，所遗《饮冰室合集》，计148卷，1000余万字。